Georg Ernst Waldau, Thomas Murner

Schelmenzunft

Georg Ernst Waldau, Thomas Murner

Schelmenzunft

ISBN/EAN: 9783742868831

Hergestellt in Europa, USA, Kanada, Australien, Japan

Cover: Foto ©Thomas Meinert / pixelio.de

Manufactured and distributed by brebook publishing software
(www.brebook.com)

Georg Ernst Waldau, Thomas Murner

Schelmenzunft

Thomas Murners

der heil. Schrift und beider Rechte Doctors

Schelmenzunft,

aufs neue

mit Erläuterungen

herausgegeben.

HALLE,
bey Johann Jacob Gebauer,
1788.

Vorrede des Editors.

Ueberflüſſig wäre es, viel von dem Ver-
faſſer des hier gelieferten Werkchens, der
1475 zu Straßburg gebohren worden und
ungefähr um 1536 allda geſtorben, an-
zuführen. Man kennt ihn aus G. E.
Waldau zu Nürnberg 1775 in 8. auf
ſieben Bogen edirten Nachrichten von
Thomas Murners Leben und Schrif-
ten, aus welchen H. D. J. ſein Etwas
über Murners Leben und Schriften
im deutſchen Muſeum v. Jahr 1779. St.
VI. S. 527. f. gezogen, und zu welchen
vor Kurzem Herr Schaffer Panzer in

den

den Annalen der ältern deutschen Litteratur S. 347 f. eine kleine Nachlese geliefert hat. Murner verdient allerdings einen ansehnlichen Platz unter den bessern teutschen Dichtern, die zu Ende des funfzehnten und in den erstern Dekaden des sechszehnten Jahrhunderts lebten, und die man heut zu Tage beinahe ganz verkennt. Seine Dichtereyen verrathen wahres poetisches Talent, Witz, Scharffinn und Gelehrsamkeit, sind aber freilich öfters sehr muthwillig, manchmal auch, wenigstens in einzelnen Ausdrücken, unfläthig. Doch das muß auf Rechnung seiner Zeiten geschrieben werden. — Die Thoren seines Zeitalters hatten an ihm, so wie an Sebastian Brand und Johann Geyler von Kaysersberg, mit denen ich ihn in Eine Reihe setze, einen unversöhnlichen Feind, der sie bis aufs Blut geißelte, keines Standes schonte, und hauptsächlich die verdorbenen Sitten des geistlichen Standes, die ihm als Mitgliede desselben zuverläßig bekandt

kanbt waren, durch brennende Mittel zu
verbessern suchte. Da er in seinen Ge-
dichten die herrschenden Sitten, Gewohn-
heiten und Mißbräuche seiner Zeitgenossen
zum Gegenstand nahm: so wird gegen-
wärtiges satyrische Werkchen als Charak-
teristik des damaligen Zeitalters den Freun-
den des Alterthums, und als Probe der
damaligen Poesie den Kennern und Liebha-
bern der teutschen Sprache und Dichtkunst
nicht unwillkommen seyn.

Was die **Schelmenzunft**, die itzt
aufs neue in Umlauf gesetzet werden soll, be-
trifft, so giebt von ihrem Inhalt, so wie von
den verschiedenen Ausgaben und von der la-
teinischen und holländischen Uebersetzung der-
selben **Waldau** in der angeführten Schrift
S. 63 — 67, und **Panzer** l. c. S. 360.
genaue Nachricht. Gegenwärtiger Abdruck
ist von der zweiten Ausgabe, welche um
viel vermehrter ist als die erste von 1512,
getreu copirt. Diese zweite Ausgabe in

A 3   Quart

Quart hat folgenden in Zierleisten einge-
faßten, roth gedruckten Titel:

Schelmenzunfft

Anzaigung alles Weltleuffigen mutwillens,
schalckaiten vn bübereyen dieser Zeit
Durch den hochgeleerten herren Doctor
Thoman Murner von Straßburg,
schimpflichen erdichtet, und zu Franck-
furt an dem Mä̈n mit ernstlichem für-
nemen geprediget *).

Beynahe jede Rubrik ist mit einem Holz-
schnitte versehen, welcher die halbe Seite
einnimmt. Der Text ist zu beiden Sei-
ten mit Zierleisten eingefaßt. Die Blät-
terzahlen fehlen, die Bögen aber sind sig-
nirt. Das Ganze beträgt 9 Bogen und
3 Blät-

*) Ueber solche Sujets das Volk von der Kan-
zel unterhalten, war damals nichts unge-
wöhnliches. Selbst der berühmte Johann
Geiler von Kaisersberg hat bey seinen
Predigten 1498. zu Straßburg Sebastian
Brands Narrenschiff zum Grund gelegt.
Sie sind 1520. daselbst in folio gedruckt
worden. S. Panzern l. c. S. 434.

3 Blätter. Auf dem letztern steht fol-
gendes:

> Von Doctor Murner ist die Zunfft
> Zu Franckfurt predigt mit vernunft.
> Entlich getruckt, auch corrigiert
> Zu Augspurg, vnd mit fleiß volfiert
> Durch Silvanum Othmar fürwar
> Im fünffzen hundert vnd riiij jar
> Bey sant Vrsula an dem Lech
> Got vnser mißthat nymer rech.
>   Got sey Lob.

Man findet in dieser Schrift manche
veraltete Wörter, die im funfzehnten und
zu Anfang des sechszehnten Jahrhunderts
gebräuchlich gewesen. Bey Erklärung der-
selben habe ich mich zur Ersparung des
Raums der möglichsten Kürze bedient,
und sie gleich am Ende jedes Blatts beyge-
fügt, um das Aufsuchen zu erleichtern.
Dem unsprachforschenden Theile des Pu-
blicums die Einsicht von dem Grund und
der Richtigkeit solcher Worterklärungen zu

erleich-

8

erleichtern, die nicht sogleich einleuchten, oder wegen ihrer vielfachen Bedeutung anstößig scheinen, ward am Ende ein kleines alphabetisches Glossar beygefügt, welches die angegebene Bedeutung rechtfertigen kann.

Außerdem lassen sich aus dieser Schrift noch andere, die teutsche Sprache betreffende Anmerkungen machen, z. E. es kommen viele simplicia vor, davon heut zu Tage die composita gebräuchlicher sind, als Woner statt Bewohner, geren statt begehren, hören statt gehören, bären statt gebähren, darf statt bedarf. Oefters ist ohne Noth, vielleicht bloß des Reims wegen, die Sylbe ge vorgesetzt, als gebat für bat, gesehen, der Infinitiv, für sehen; öfters fehlt sie aber auch, z. E. Beet für Gebet, Dicht für Gedicht.

Von dem Beyfall und Wink des Publicums wird es abhangen, ob Murners
Nar-

Narrenbeſchwörung, die in gewiſſem
Sinne noch wichtiger iſt, folgen ſoll,
die ich eben ſo, wie die Schelmenzunft,
zu liefern bereit bin. Nur Eine Probe
aus der Narrenbeſchwörung, wie Murner
die Advocaten behandelt.

Die Federn ſpitzen.

Wer myn feder vnd myn ſchryben
Ich möcht im tütſchen land nit blyben
Ich ſchlemm vnd demm ich zere vnd braß
Das nem ich vß dem Dinten vaß.

Herr ſchryber das ir ſelber ſagen
Das knüen die puren (bauern) von eůch clagen
Wie ir ſy braten ſieden ſchinden
Allwyl ir einen tropffen finden
Allwyl es trůfft er ſycht es nit
Ir macht je manchen ſuren (ſauern) tritt
Durch den regen durch den ſchne
Thund ir je mit der federn we
Vnd ſpitzt die federn dick zu vil
Von haſen ich eůch ſagen will
Das ich doch ſyt (ſeither) nie hab vernumen

A 5   Wie

Wie er euch sey in pfeffer kumen

Doch sol mir das kein fragen syn

Wie er doch kumen sy darzu

Wißt ir wañ ir hatten gladen

Dem armen puren do zu schaden

Da saß mynn herr der advocat

Der anwalt ouch syn stettly hatt

Vogt gwalthaber vnd fürmundt .

Ein yeder der gesaden kumpt

Wer do ißt von euerm tisch

Der nymt vom schlegel seinen fisch.

Ee das ir das Benedicite machen

So sagt ir von des puren sachen

Wie ir ein feyßten puren handt

Doben ir euer gest ermant

Das sy die sach hoch extollieren

Den puren bey der nasen fieren

Vnd leßt (leset) jm für ein wild vergicht
                          (Urgicht)

Ouch ratendt jm ins Kammergericht

Spricht er dañ er sy zu arm

So sagt ir das syn sach stee warm

Euch statt (steht) sy warm ir wermt euch fry

So der paur erfrürt doby

                                Vnd

Vnd müß ſyn fyndt (Feind, Gegner) gen mentz
(Mainz) citieren

Er kön den koſten nit verlieren.

Verlirt die ſach der arme man

Wie das mans jm zu leidt hab than

Das ſagt ir, daũ er darf nit fregen

Der teúfel müß eúch den haſen geſegen.

Man findt noch wol derſelben knaben

Die federn nie geſpitzet haben

Den vrtail rat erkennet hat

Des kompt ir auf das galgen rad

Die federſpitzer ſind bey Heeren

Die ſich allain mit federn neren

Vnd blyben vff dem kiſſen ſitzen

Vnd thun nit me daũ federn ſpitzen

Vil ſind des handtwercks mächtig worden

Graven vß der ſchreyber orden

So als mancher edelman

Der vil harter krig hat gethan

In grund hinyn verdorben iſt

Das er kein federſpitzer iſt.

Ich weiß kein beſſern rat auff erden

Das ſy einmal auch ſchreyber werden

So überkemen ſy doch geld

Vnd legent nit ſo hart im feld

Doch

Doch hör ich das herwiderumb
Felt (fällt) das dintenfessel vmb
Dañ miessent sy offt wider schwitzen
Was sy gewañen ye mit spitzen
Vnd mit der feder hond erfecht
So gschicht jn warlich eben recht
Wß graven wider schreyber machen
Dañ muß ich durch die finger lachen.

Vor=

Vorred.

Doctor Laux.

Billich ſitz ich vornen dran
So ich die ſchelmen kennen kan
Durch ainen gantzen ſtächlin *) berg
Weñ ſchon drey lägen übertzwerg.
Ich waiß was allem ſchelmen priſt **)
Auch wie jn vmb jr hertze iſt,
Wañ †) do ich was ††) noch jung vnd klain,
Rieb ich mich an ains ſchelmen bain
Vnd het den ſchalck hinder mein orn
Do ich erſt kurtzlich was geborn,
   Darumb hat mich die Zunfft erwelt
   Vnd für ain ſchreiber hergeſtelt
   Ob yemands hie wölt zünfftig werden
   Durch mutwill vnd ſein böſe gbärden
Frevel, bubenſtuck vnd tandt,
Dem will ich ordnen ſeinen ſtandt,
Wiewol ich manchen hie her zel

Denn

*) Stählern.   **) Gebricht.
†) Denn.   ††) War.

Dem baß zimmet *) ain galgen gstell
Das rad vnd auch des henckers feür, ͛
Doch darff er gar ainr grossen steür
Das er demselben mañ entriñ,
Fürwar der darff **) auch kluger siñ
Der allen schelmen sehe an
Was yeder für ain stücklin kan
Vnd als sie treyben oft vnd dick,
Auff Teütsch neñ ichs ain schelmenstück,
Zu Franckfort nent mans Bubentandt
Het ich den halben tail erkandt,
Den ich mir seidher hab erfarn,
Ich künt mein Ee yetz baß bewarn,
Darnach lernt ichs erst kennen schon
Do sy mir schaden hetten thon
Welcher sy kennt, der kaufft sy nit.
Ich waiß daß ich hab ausgeschitt
Das Kind aus fürsatz mit den bad
Sie troen †) vast es werd mir schad,
Das ich mit schrifften von ju klag
Gott vnd der welt irn nequam sag,
Mit schimpff ††) vnd ernst verglimpf ich schon
Womit die schelmen all vmbgon,

                         Dartzu

*) Besser, oder vielmehr, geziemt.
**) Bedarf.   †) Drohen.   ††) Scherz.

Darzu darff ich nit groß vernunfft

Das ich beschreib der schelmen zunfft;

Der täglich brauch leert mich das wol

Wie ich ir zunfft beschreiben sol,

Insonderhait irn valschen mund

Weil ich den wol beschreiben kund,

Daß man sich weßt vor jn zu hieten

So sollt man mir das hälmlein bieten *).

O wie manchem ist mißlungen

Durch valsche, böse, öde zungen.

Ain zung verriet Christum ein got,

Ain zung bracht Troy in grossen spot,

Ain zung bracht Adam in den fal

Ain zung zwang Rom in jamers qual,

Jerusalem ein zung zerstört

Das statt vnd maur ward vmgekert.

Dieselben öden **) falschen zungen

Von Babilonia †) sind entsprungen,

Vnd hond sich also weit gespraibt

Das sy vns Teütschen auch thund laidt,

Hat sy der teüffel schwimen leeren

Ueber möre ††) zu uns einkören,

Dadurch manch fromer würd verfürt

Den

*) Vermuthlich ein damals gewöhnlicher sprichwört-
licher Ausdruck.

**) Bösen.   †) 1 Mof. IX, 11.   ††) Meer.

Den ain falſche zung beriert.
Hey nun ſchlag der dont darein
Das böſe zungen ſeind ſo gmein
Der bliß, der hagel vnd der ſchnee
Daß ſchendlich zungen thun ſo wee.
Ain nachpaur thut dem andern das
Der jm allzeit nie ſchädlich was,
Ain fründ *) verrat den andern fründ,
Von ältern lernen das die kind.
Des ſprichwerts hab ich offt gelacht
Das ein krä kain hätzen **) macht,
Vnd hab von Adam vnd Eva ghört
Das ſy vns mutwill hond gelert
Wiewol wir nit wöln mercken das
Vnd doch Gots ſtraff gleich dabey was
O falſche zung, du böſes kraut
In har, in flaiſch, in bain, in haut
Wie gern ſäh ich ain ſolchen man
Der gnugſam darvon ſchreiben kan
Den wolt ich vor mir dichten lan.
O ſchelmenzunfft wem ſchadiſt du nit
Das dich der hertzjar ritten ſchitt †).

Wenn

---

*) Freund.   **) Häher, pica.

†) Eine Fluchformel. Ritten, Herzritten iſt ein
heftiges Fieber. Siehe *Scherzii* Gloſſar. med. aevi
col. 665. 1310. Schitt iſt ſoviel als ſchütteln.

Wenn ich von difen fchelmen fchreib
So rouet als *) blut in meinem leib,
Irn zunfftmeyfter hond fie mir gefandt
Do ich diß buch nam in die handt,
Schalt mich ain fchelm da mit lift
Als der fchelmen gewonhait ift
Das fy ain yeden achten gfchwind
Recht wie fy felbs im hertzen find.
Er maint ich folts nit hon befchriben,
Das ihre ftuck verborgen bliben,
Wiewol ich mich fer nichts daran
Ich hoff ich fey ain Erenman
Vnd laß fy reden was fy wellen
Ich will fy an ain ordnung ftellen
Wañ ich jn allen her hab zilt
Nun hüt dich du vor wem du wilt
Ich traw jn allen nit ain har
Ob fy mir fchwüren zehen jar
Wañ fy mich all befch... handt
In teütfchen vnd in wälfchen landt **)
Das ich ir lift gar wol verftandt.

                                    Ach

*) Wütet alles.
**) Murner hat fich eine Zeitlang in Italien auf-
    gehalten, wie Waldau in der Nachricht von def-
    fen Leben und Schriften S. 20. angemerkt hat.

                    B

Ach got hett ichs verstanden bas
Ainmal do es mir nöter *) was
So hett ich selber auch gethon
Das ich dich netz kan leeren schon
Vor den schelmen dich bewaren
Das dir nichts laids möcht widerfaren.
Doch kam kain werckman nye zu spat
Mit guter kunst vnd weisem rat
Volg meiner leer vnd acht mein schreiben
Nym war wie sy jr stücklin treiben
So wirt es dich ain wunder nemen,
Daß sich die schelmen gar nichts schemen
Daß sy entferbten sich darab.
Ich waiß daß ich ain neythart hab
Mit disem buch auff mich geladen
Vnd von den schelmen wart des schaden
Das hab ich darauff gsetzet schon,
Wems nit gfelt der laß mich gon.

Hie endet sich die vorred,

*) nöthiger.

I. Von

I.

Von blawen Enten predigen.

Ich bin der erſt in diſer rott
Wañ ich das gotswort dick *) verſpot
Weil ich verkünd das hÿmelreich
Sag ich darvon ſo ſchimpfleich **)
Als ob ich wolt die chriſten ſchödigen
Vnd jn von blawen enten predigen.
Ich ſchwör botz darin, ich ſchwör botz lung,
Der prediger hat ain falſche zung
Der mir fürhalten ſoll die gſchrifft
Was ſeel, leib, eer vnd gut antrifft
So ſagt er nur ain vaßnacht tandt
Vnd all new mär in Teütſchem landt,
Er lacht vnd ſchimpfft, das nit ſolt ſein,
Die pfaffen wöllen auch darein,
Sy machen aus dem ernſt ein ſpott
So denck ich, far auch mit der rott
Ich niñ das gotswort von jm an,
Als weñ ich küwet †) Entzian.
Weñ ich das gotswort hören will,
Der bañbrieff ließt er mir ſo vil

B 2   Wie

---

*) Oft.   **) Unanſtändig, poſſenhaft.
†) Käuete.

Wie Haintzen Els und Cuntzen Gret
Den Jäcklin mit bezalet het,
Wie die von Luſtnaw vnd von Stauffen
Vmb ein barchat wöllen lauffen,
Auch weñ Gret Müllerin jartag *) werd
Vnd all tandtmär auff diſer erd.
Er ſolt das Evangeli leeren
So muß ich diſen trippel hören,
Wie ſy ainander richten auß
Als hippenbuben vor dem hauß.
Geſchäch nur ains das wär mein bitt
Das man ſy auch mit dr... beſchitt
So ſy ainander haiſſen liegen
Vnd auff der cantzel alſo kriegen,
Ain ſolche predig hindert mee
Dañ hundert die er thet vor ee
Damit er vns gar ſchwarlich ſchedigt
So er von blawen Enten predigt.

*) Gret Müllerin war vermuthlich eine bekandte
Lais ihrer Zeit. Murner gedenkt ihrer häu-
fig in ſeinen Gedichten. Siehe Waldau l. c.
S. 49. f. und Altes aus allen Theilen der Ge-
ſchichte B. 1. S. 400. f.

II. Ain

II.

Ain loch durch brieff reden.

Versigelt schon der Papst mit bley,
So kan ichs widersprechen frey
Ich bin derselbig tapffer man
Der sigel vnd brieff durchreden kan.
Was wolt ich nach dem Rechten süen
Weñ ich nur das gelt kan gwinnen.
Es haißt ain volck zu teütsch Juristen,
Wie seind mir das so seltzam christen,
Das Recht thuu sy so spitzig biegen
Vnd küntens wo man will hin fiegen,
Codex, Lodex, Decretal
Hurenkinder, guldin zal,
Bartolus, Baldus, das Decret
Das fürtuch das metz vumuß het
Jüdscher gsuch, juristen buch
Als es yetz stat vmb Mechelsch tuch
So hilfft kain bleyer sigel dran
Man besch... schier damit yederman.
Vor Juristen sollst du dich hietten
Vnd vor niederlädischem bieten *).
D   ka   ellieren

3   Der

Der ander bey der nasen fieren
Quid est figuris auf der luten
Inforciat die Instituten,
Die seind vermischet allezeit
Daß das recht wirdt gar zu weit,
Wiewol das recht ist wol beschriben,
Ja wär die gloß darin außbliben,
Het ich schon hundert tausent brieff
Vnd dem rechten stäts nachlief
So ists mit ainem dr.. versigelt
Vnd mit ainr wächßin fall verrigelt,
Deñ lauff ich zu dem Advocaten
Der dient vns, dweil *) wir guldin haten
Do er vnß außgelärt die täschen
Nam er mir an dem herd die äschen,
Derselb redlich fröm biderman
Mit gelt ain brieff durchreden kan.

III.

Den Wein außruffen.

Ich ruff manchem froman den wein
Der nye kain legt in keller ain,
Vnd warlich theürer mit der that
Dañ es der frum verschuldet hat,

Das

*) So lange.

Das kñ ich wol mit argem lift
Daß mancher dran ertruncken ist,
Wer hat dich haiſſen hye her ſtan
Weinrhffer du onmächtig man,
Sag an du Schelm was iſt dein lon
Das du kain fromen laſt daruon
Du henckeſt jm ain ſchellen an
Der hat dir das, der nhens *) gethan,
Deins ruffens wär längſt genueg,
Hörteſt auf es het wol fug,
Der iſt ain ſchelm, der iſt nit gut,
Der iſt zu wild, der ſpylen thut
Der hurt, der bubt, der ſtilt, der brendt
Wer iſt den diß böß zung nit ſchendt,
Der pfaff, der münich, die magt, der knecht,
Der Kaiſer kan dir thun nit recht,
Cartheüſer, Prediger, Carmeleiten
Rufſt du den wein zu allen zeiten
Der doch dich darumb nie gebat
Vnd dir kain laid auff erden that
Der ſich als guts zu dir verſiché
Den laſt **) du nit unausgericht,
Iſt das dein ampt, ſo ſey dein lon
Vom pranger zu dem galgen gon

B 4   Du

*) Jenes.   **) Läſſeſt.

Du rufft den wein doch nur zuruck
Vnd brauchst auch sunst vil schelmenstuck
Ist das nit ain böse art
Daß der schelm kain menschen spart *)
Ey müssend durch sein stinckends maul
Das biß ius a... hyn ist faul.
Ich stelt der schelmen kainen härc
Weñ yeder lügte **) wer er wäre.
Doch wölln wir schenden yederman
So wir im dr... über die oren stan.

IV.

Der Eysenbeisser.

Wa ich mein feind selbs anewend †)
So sprich ich, daß gotsmarter schend,
Ich bin der Eysenbeisser knecht
Der weit vnd breyt groß lob erfecht,
Land vnd leüt hab ich bezwungen
Doch thu ichs vast als ††) mit der zungen.
Wer yetz will sein ain redlich knecht †††)
Vnd kan die grossen schwür nit recht,
Gotsmarter, wunden, vältin, kyrein,

Der

---

*) Schonet.   **) Lugen heißt sehen.
†) Antreffe.   ††) Alles.
†††) Landsknecht, Soldat zu Fuß.

Der nimpt kain doppelſold nit ein.
Weñ yetz ain ſchelm vil fluchens kan
Bald ſetzt man jn zu ain hauptman,
Deß ſeyn wir vnglückhafftig leüt
Das wir mit jn augond *) ain ſtreit
Die bey den hailgen alſo ſchweren
Vnd got ſo läſterlich enteren.
Was Glück vnd ſig kan bey den ſein
Sy ſchwören ſich ſelb in ewig pein
Die marterhanſen, armen tropffen,
Man tut jn drumb den laymen klopffen,
Sy komen vmb das recht nit here,
Den ſchelmen iſt der pflug zu ſchwere
Vnd wöllen ſich darnach nit bucken
Ain ſchelmenbain hond ſy im rucken
Jr kriegen iſt vaſt wider got
Vnd auß den hailgen treiben ſpot
Sy martern, fluchen, ſchwören vnd ſchelten
Man ſicht ſy aber beeten ſelten.
Der eyſenbeiſſer keñ ich mere
Die krefftigklich ein gantzes höre **)
Bey ainer irten hond erſchlagen
Vnd ward kain todter nie hintragen,

B 5   Sy

*) Angehen, anheben, anfangen.
**) Heer.

Sy stechen, hawen bey dem wein,
Welcher herr wöll witzig seyn
Der laß die schelmen die so schwören
Vnd sich mit bösen flüchen nörn,
Weñ sy schon alles eysen beissen
So müssen sy es doch wider sch....

V.
Ain ströen bart flechten.

Ich hör auch an *) der schelmen rott
So ich kan thun ein gfärbten spott
Vnd dir ain sach fürhalten do,
Du schwürst ain ayd jm wär also,
Weñ du die sach besihest recht
So ists ain ströen bart geflecht.
Landtschelm wärst du doch ee komen,
Du müst den ersten stand hon gnomen,
Die schelmen sind yetz also gnaigt
Wo dir ainer das wasser zaigt,
So maint er feür, das wiß fürwor
Es ist yetz nit als es was **) vor
Das nain sey nain, und ja sey ja
Man flicht ain bart yetzund aus stra.
Was man yetzund im hertzen tragt

*) Ich gehöre zu.   **) War.

Kain schelm daſſelb heraußher sagt,
Er klaffet *) wol das widertail
Damit tregt er lockvogel fail
Vnd lockt aus dir dein mainung all
Biß er dich kläglich bringt in fall
Schreyſt du deñ, hilff wider vff
So schlegt er über dir den muff.
Vor zeitten sprach man, förcht dir nitt
Weñ du gaſt **) den rechten tritt,
Thu netz recht, fürcht dañoch die
Keins wird in eern gedacht gar schier
Der netz doppel iſt mit worten ***),
Den sezt man hoch an allen orten
Vnd halt jn für ain weiſen man
Das er sein hertz bedecken kan.
Ich hielts auch selb für ain weißhait
Weñ man darzu kein lügen sayt †),
Kain warhayt iſt in allem kauff
Man spricht, es sey der welte lauff.
Ia laufft in aller teüfel namen,
In der höllen kompt ir zamen ††),
Lauffend bald, versaumpt euch nit
Das euch der hertzjarritten schitt.

An

*) plaudert. **) Geheſt. ***) Zweyzüngler.
†) Sagt. ††) Zuſammen.

VI.

An ain Kerbholtz reden.

Hie bin ich, secht mich frölich an,
Ich darff auch wol zun schelmen stan
Vnd hab offt an ain kerb geredt
Da niemandt kain betzalung thet.
Verhaissen dunckt mich adlich seyn
So laysten geet in pauren schein.
Was ich verhaiß, das ist gewiß
On hintergang, on allen beschiß
Du waist wol wie die krebs her gon.
Ich hab gar manchs verhaissen thon
Das mir nie kam in meinen siñ
Wañ ich des frumen adels bin
Der vil verheißt an ain kerbholtz
Zuletzt dir sidert ainen boltz.
Ich schneid offt an ein kerbholtz an
Das hab ich manchem wirt gethan,
Der sich des gebens nit beschampt
Vnd schrib mirs an die kerb alßsampt
Vnd recht *) mirs darnach alles ab,
So sprich ich, yetz kain müntz ich hab,
Vnd weñ der wirt will haben geld,

Triff

*) Rechnete.

Triff ich das Loch weit übers feld.
Mit meinen versen *) bezalt ich das
So an der kerben zaichnet was.
Mein herr mir selber also thet
Der mich auch an das kerbholtz redt,
Der kauffman thut das auch im land
Dest minder ist es mir ain schand.
Es ist kain glaub meer auff erden
Die herren selbs kerbredner werden
Die dir versigeln vnd verschreiben
Das all dein fründ nit von jn treiben.
Sprichst du deñ, gut brieff ich hab
So sagen sy deñ, friß darab,
Vnd wilt du es nit lassen sein
So gang versigel du eim schwein
Das a...ch, das der donder drein
Schlag, das ich so grob muß sein.

VII.

Auff den flaischbank geben.

Mein zung bringt manchen vm sein leben
Den ich hab auff den flaischbank geben
Ich hab mich lang darvon genert
Judas hat mich die kunst gelert

Darumb

*) Fersen.

Darumb follt ich zuvörderſt ſton
So ich Judas zum maiſter hon
Hat Judas ſchon vnrecht gethon
So nam er doch das geld darvon,
Auff den flaiſchbanck gab er got
Das kan netz bas der ſchelmen rott
Die netzund in der neûwen welt
Weder pfeſſing nimpt noch gelt
Vnd verraten ain vmbſunſt,
Das haiſſet die recht maiſterkunſt
Vnd die rechten riemen zogen,
Vmbſunſt verraten vnd verlogen
Weñ Judas netzund wär auff erden
So mūßt er wider ſchüler werden
Vnd das handtwerck lernen baß
Darinn er noch kain maiſter was
Vnd niemands kanß auff vns gedenken,
So dörffen wir vns nit drum hencken
Als Judas vnſer maiſter thet,
Man ſetzt vns oben an das pret,
Weñ wir nit verraten künden
Die herren vns kain dienſt nit günten *),
Ja wol wird ſind die naſſen knaben
Die es beßer dañ die herren haben

Vnd

*) Gönneten.

Vnd sitzend offt auff ainem kissen
So ire herren nichts drum wissen,
Wir nemen geld vnd seind aim sind *),
Got geb wo recht vnd richter sind.
Wir thuen das nur vmb gsellen willen
Das wir verräterey erfüllen,
Wir sein dieselben frumen leüt
Ob man ons nimer heller geyt **),
So ist das vnnser gaistlich leben
Ain frumen auff den flaischbank geben.

VIII.
Ain schulsack fressen.

Wiewol ich hab ain schulsack fressen
Noch hab ich meinr latein vergessen,
Ich hab jn nit verdöwet †) gantz
Doch kan ich ain lateinschen tantz,
Per ius gentium zu latein,
Kan ich noch disputieren fein
In dem vnnützen irrigen Buch,
Zu latein, der köchin fürtuch ††)

Darinn

*) Feind.　　**) Giebt.　　†) Verdauet.
††) Möchte doch ein bibliographischer Litterator dieses Buch näher anzeigen, von dem ich aller Mühe ungeachtet nichts habe ausfindig machen können.

Darinn hab ich so vil studiert
Biß ich mich selber hab verfuert,
Vnd hab studieret also vast *),
Biß mir der guldin zal gebrast **),
Ich sandt ain boten heimb mit gferden
Wie das ich solt meister werden,
Het ich mich des besonnen recht,
Ich plib wol noch zwölff iar ain knecht.
Ist der nun in der schelmen rott
Der ain freinbden man verspott,
Billicher solt sich hieher fiegen
Der sein vatter kan betriegen,
Sein vater wänt †) er hab studiert,
So hat er nichts dañ bubiliert
Vnd jm sein geldt schändlich verzert,
Auch nichtz dañ Ita, Non, gelert,
Weñ er soll zu seim vatter komen
Hat er sein schulbuch mit genomen
Das jm kan selber laufen nach,
Dieselbig schön lateinisch sprach
Find er wol inß vatters landt
Vnd het sich selb nit also gschandt

Das

*) Sehr.
**) Die Zahl der Gulden, d. h., das Geld, ge:
bricht oder mangelt.
†) Wähnet.

Das gelbt ſo ſchandlich nit verthon
Den ſchulſack vngefreſſen lon.
Wär er mein ſun in ſölchen ſachen
Wölt jm das Benedicite machen
Von oben an biß vnder die ſiegen
Wölt jm alſo den ſchulſack gſegen *).

IX.
Ain grawen rock verdienen.

Weicht auß je frumen erbern gſellen
Die gra **) röck nit verdienen wöllen,
Diſer ſtand hört meins gleich zu
Das ich manch vnnütz ſchwätzen thu,
Doch hab ich etwas nutz darvon
Ain grawen rock nym̄ ich zu lon
Als ich wolt zu den ſchelmen ſton
Do bracht ich mit mir meinen lon
Den ich damit verdienen kan
Als ich meins herren dienſt nam an
Do nam ich acht wem er feind was
Zu dem trueg ich deſ auch ain haß
Biß ich jn bracht in hertzenlaid,
Darumb gab mir mein herr das klaid

Ich

*) Geſegnen.　**) Grau.

E

Ich schiß meins herren feind ins muß,
Vnd trat jm willig auff ain fuß,
Warff jm des nachts die fenster ein,
Vnd ließ jm lauffen aus den wein,
Ich strich jm an sein hosen dreck
Vnd legt jm haimlich stain an wegk,
Ich was meim herrn ain eben man
Do ich die schelmenstuck het than,
Doch was ich selber also weiß,
Das ich jm dient mit solchem vleiß
Wiewol er mich nie bat darumb,
Wieß mir gefiel, gieng ich mit vmb,
Ich haiß knecht Haintz vnd hab mer gsellen
Die allzeit incer ausrichten wöllen
Daß man jn bevolhen hat,
Doch selten mit ainr guten that,
Nur mit falschen schelmenstücken,
Das wir all Ding zu vnfall schicken
Vnd vnsern herrn zu oren tragen
Was wir wissen, jnen sagen,
Was wir nit wissen, liegen wir,
Bist du weiß, hüt dich vor mir.
Wer mich dingt, fart an ain stock
Vnd muß mir gen *) ain grawen rock.

X. Ain

*) Geben.

X.

Ain dreck finden.

Es ist ain art der wüsten schwelz
Weil sy in garten lauffen ein,
So finden sy wol ee ain dreck
Daü schöne blümlein an dem wegk.
Aus ainem dreck macht man vil wort
Vnd acht nit aller blumen hort.
Man findt wol die zu kirchen gon
Vnd all gut leren lassen ston
Was man sy von tugend lert,
Waü sy aber hond gehört
Ain bossen der mir ist entwüscht
Der nit gantz wol behoblet ist
Das küssen sy wol ausbläsiren
Nit ain allain, zwen, dreyen, vieren
Was wol geredt ist durch das iar
Des achten sy nit vmb ain har,
Nur daß ain grossen dreck hond funden,
Ich waiß noch ain derselben kunden
Der diß mein dicht *) durchlesen has
Da der sawkröuer hat sein stat,
Vnd maint ich wär ain gaistlich man

C 2

Dem

*) Gedicht.

Dem semlich *) red ſtünd übel an
Vnd wolt darbey nit mercken das,
Das ſolch red der grobianer was
Als ſy dañ thund an allem ort
Vnd nit das ich thu ſemlich wort,
Dañ nur allain in meldens weiß,
Wie man die ſaw krönet mit vleyß.
Das ander hat er als durchleſen
Vnd ſpricht es ſey wol dicht geweſen
Auch laßt dieſelben blümlin ſton,
Vnd beſſert ſich gar nichtz darvon
Vnd hat nur funden ainen dreck
Hindern zaun weit von dem wegk,
Damit der ſchelm ſein ſtinckend mund
Weſcht on vrſach vnd on grund
Als ob er mich ſo götlich findt
Vnd ich ſelb auch nit irren känd.
Darumb das er mich hat verſpott,
Muß er auch in der ſchelmen rott.

*) Eine ſolche.

XI. Auß

XI.

Auß ainem holen hafen reden.

Wer gelt nimpt da kaines ift
Vnd rupft mich, da mir har gebrift,
Vnd fuchet lieb an laydes ftatt,
Auch ift berait ee man jn batt,
Als wir hafenredner küßen,
Der ift vaft von künftreichen fijnen,
Pfaffen, münch, die gaiftlichait,
Nuñen, was die kutten treyt *)
Die nun zu der kirchen gond,
Auff das fy in der ordnung ftond
Weñ fy folten mettin **) beten
Spaciern gond fy einher tretten,
Weñ fy fchon beten oder lefen,
So ift jr hertz im bad gewefen,
Sy wiffen auch offt felber nit
Warumb ir ainer got erbitt,
Dañ das fy beten mit dem munde
Der kainer nye latein verftund.
Sag mir durch got, was ift das bet †)
Da kainer kain verftand nit hett.
Lefen, beten on verftand

C 3 Als

*) Trägt.   **) Metten.   †) Gebet.

Als die nufien gfungen hand
Das mag wol feyn ain lürlistand
Vnd auß aini holen hafen klaffen,
Was kúfien fy mit beten fchaffen,
So fy doch nit verftond latein
Vnd brocken doch die wörter ein
Vnd keüwend *) alle wörter da
Als vnfer kue das haberftra.
Wir fein verfehen mit färbitter
Als in der ernd mit faulen fchnitter,
Sy follen vnfer not got klagen
Vnd wiffen felb nit was fy fagen.
Ich wölt das áiner lernt latein
Oder ließ die pfaffhait fein,
Nit beten, wie die iungen kind.
In kaim holn hafen wörter find.

XII.

Der hyppenbuben orden.

Hyppenbuben, wûrfelleger
Freyhartsknaben, fackaufftreger
Die loben, fchenden, wen fy wendt **),
Den fy loben, der ift gefchendt.
Du fichft ir fchelten als lang ftincken,

Biß

*) Káuen.　　**) Wollen.

Biß ſy aus dem fretzfaß trincken.
Nun ſich *) ich das es naher gät **),
So der hyppenbub her ſtat.
Die ſchelmenzunfft ſich wol erſtreckt,
Als weñ man ſich mit hoſen deckt.
Hyppenbuben iſt ain orden,
Wer dariñ iſt maiſter worden
Der kan ſchelten wen er will
Vnd wider loben nur zu vil.
Weñ du ainem lob zuſagſt,
So lob jn, das du jn ſchelten magſt.
In loben halt ain zymlich maß,
Mit ſchelten lueg beſynn dich baß
Wen man ſchilt, der ſchreibts in ſtein,
Der aber ſchilt, in ſtoub hinein.
In ſtain ſchreiben nit vergeſſen,
Darumb ſolt du es wol ermeſſen,
Dañ eer verlieren das thut wee
Vnd wurtzlet ein ye mee vnd mee.
Diß ort verleich ich allen den
Die nit wiſſen, wie vnd wen
Wer, wievil, wo, vnd womit
Vnd laſſen doch jr ſchelten nit.
Die ainen ſchelten oder dringen

C 4

Biß

*) Sehe. **) Näher geht.

Biß ſy jn vmb ſein Eere bringen
Vnd bringen jn in groſſe ſchand
Die ſy doch ſelbs erdichtet hand
Vnd keren om das bletlin vm
Da der frum man nit waißt drum.
Iſt das ir ampt, ſo ſey ir lon
Vor dem hauß im kübel ſton *)
Vnd darvon nit welchen ain tritt
Biß das man ſy mit dreck beſchitt.

XIII.

Die oren laſſen melcken.

Wer mir freüntlich milcht ain or
Vnd ſagt mir daß ich hab ſchön hor **)
Auch ſagt mir als ***) das ich gern hör,
Der kan der orenmelcker ler,
So priſt †) ſm nichts dañ nur der lon
Von dem rad zum galgen gon.
Oren melcken in ain kübel,
Erſcheüßet ††) manchem Menſchen übel.
Alle herren ſind deß gewon

Das

---

*) War vermuthlich damals eine Art der Beſchim-
pfung oder Strafe.
) Haar.　　*) Alles.
†) Gebricht, mangels.　　††) Gelinget.

Das sy ir oren melcken lon
Vnd hörent was da ist erlogen,
Das sy mit willen seind betrogen,
Wañ *) die schelmen houb die art
Das yeder gern die warhait spart.
Warhait sagen bringt vil haß
Orenmelcken kumpt jn baß,
Darum der orenmelcker lern,
Was sein herrschafft höret gern
Das er dasselbig allzeit sag,
Onmüthig **) red zu oren trag.
Ob sy schon erlogen wären,
So soltu dich daran nit keren
Man hats vor zeitten auch gethan
Das Kaiser kunig haben lan
Also ire oren melcken
Von lugenhafftigen schelcken,
Das sy sich liessen beten an
Vnd hiessen sich für götter han
Ja götter als wer gat daher
Weñ er in diser Zunfft nit wär
Vnd ließ sein oren jm nit melcken
Das sy jn hangen vnd schon schwelcken.

E 5

Er

*) Denn, sintemal.
**) Anmuthig.

Er wißt das er nit was *) ein gott
Noch kan die kunst der schelmen rott
Das sy mich überreden kynnen
Wie das ich sey von hohen syüen
Weñ ichs dañ sich **) gantz überall
So kam die loß meer ***) in dem stall
Dañ das ich mic nun selbs gefall.

XIV.

Dreck rüttlen daß er stinckt.

Man het mich nit gestellet her †)
Sagt ich nit yedem was er wär
Vnd bring herfür mit bösem list
Das schon lang zeit vergessen ist
Damit der dreck facht ††) wider an
Zu stincken manchem armen man.
Ich kans nit vinden in vernunfft
Das on dich die schelmenzunfft
Auffgericht werd gantz vnd gar.
Was vor hundert tausent jar
Geschehen ist vnd gantz vergessen
Das kanstu widerumb ermessen,

Klaf-

---

*) war.   **) Sehe.   ***) Mähre.
†) Nemlich in die Schelmenzunft.
††) Fänge.

Klaffen, ſchwätzen vnd erliegen *)
Wider vrſach, gen **) zu kriegen,
Vnglück machen, den dreck rüttlen
Vnd im Sib herumbher ſchütlen.
Dem der gſtanck was ſchon dahin,
Den ruerſt du wider on dein gwin
Darnach lauffſt du den ſchelmengangk
Vnd kanſt dich wenden aus dem gſtank.
Was fleiſſeſt dich vil alter ſchand
Wider dencken in dem land,
Der neûwen ſeind doch nur zuvil
Die man kaum vergeſſen wil.
Ich bit dich laß den dreck nur ligen,
So bleibt verborgen vnd verſchwigen
Manches armen übelthat
Der doch darumb ain reûwen hat
Vnd ſich bißher frümlichen ſtellt †)
Das jm kain dreck meer hyn entfellt.
Solt alles übel geſtraffet werden
Von richtern hye auf dieſer erden,
Was blib dañ auff den jüngſten tag
Da ſollen komen hyn die clag,

Wañ

*) Lügen.
**) Gehen, anfangen.
†) Sich fromm, rechtſchaffen beträgt.

Waū mir die prieſterſchafft das ſait *)
Am jüngſten tag ſey got berait
Vnd auf den richterſtul geſeſſen
Zu ſtrafen das hye bleibt vergeſſen.

XV.

Gelt zuruck nemen.

Jch hab gedient ſo manchem man
Und dorfft kain lon jm fordern an.
Wer ſich beſchampt ain lon zu nemen
Der ſolt des dienſts ſich billich ſchemen,
Es ſeind furwar groß ſchelmenſtuck
Wo ainer nimpt das gelt zuruck.
Wie kan das nimermer ſein recht,
Das du dingeſt ain ſolchen knecht
Dem du dich ſchämſt ain lon zu geben
Vnd nimpſt jn doch zuruck dārneben.
Das ſind furwar die naſſen knaben
Die zu lon fünff ſchilling haben
Zu Franckfurt, die in anderm landt
Buzbacher knecht werden genannt.
Wie gond mit ſolchen ſachen vmb
Der wir ons ſchamen vmb vnd vmb.
Das gſchicht bey fürſten vnd bey herren

Die

*) Sagt.

Die ſich mit gaben lond *) vereren
Damit ſy werden offt bewegt
Das mir das recht bey jn erſteckt **).
Kum ich für herrſchaft mit der ſchencken
So darff ichs offenlich nit gedencken
Warumb ich ſolche gaben beüt
So witzig ſind netzund die leüt
Das ſy ſolches wol verſton
Wie das es ſey vmb dienſt der lon,
Wañ wa ich nichts zu ſchaffen hett
Kain ſolche gaben ich jm thett,
Er merckt mich wol, ſo keñ ich jn
Ach lägen wir all band im Ryn †)
Das er ſich fürter des mueſt ſchamen
Das ſein lydlon hat kain namen,
Damit der arm man wirt geſchedigt,
Verſtanden ††) leüten wirt gepredigt.
Wañ näm kain lon hye yederman,
Er möcht jn dañ mit Eeren han,
So hett ich nyemans hergeſtellt
Vnd ſtünd vil baß in diſer welt.

     *) Laſſen.   **) Erſtickt.
     †) Rhein.   ††) Verſtändigen.

XVI. Den

XVI.

Den praten ſchmecken.

Schmackenbrätlin iſt mein nam
Schmarotzens ich mich nymer ſcham,
All kirchwey, hochzeit, vnd pancket
Vnd wo man zechet frü vnd ſpet
Da kan ich allzeit voran ſton,
Wo man bezalt lauff ich darvon.
Lauffſtu darvon wa man bezalt
Vnd ſezſt dich wa man wirtſchafft halt
Auch nymſt vil ein vnd gibſt nichts wider
So ſolteſt du wol ſitzen nider
Ainmal an ain ortlin dar,
Da ſchelmen, buben offenbar
Sitzen als vnwerde geſt,
Ain ſtülin bringer wär das peſt,
Weñ du nit geladen biſt
Oder die Monet gebriſt *)
Hetſt du ain maul gen Rom hineyn
Woltſt on bezalen trincken wein,
Den praten ſoltſt du nymer ſchmacken
Mit roßdreck füll du dein backen,
Weñ du das nit vergelten wilt

So

*) Münze, oder Geld, gebricht.

So werd dein mag *) mit gaißpon **) gfült.

Mancher wil auff ander jören

Der nyemants wolt ain hündlin nören

Des nyemans gneüßt vmb ainen pfenig

Groß oder klein, vil oder wenig.

Zu Nürnberg thet das yederman

Hye ließ man dich den ritten †) han

Der schelmen zunfft hat diese art

Das mancher schelm sein pfenig spart

Da er billicher mit bezalt,

Vnd kumpt jm dennocht auß gewalt

Müützlich an aim andern ort

Der offt nit danckt mit ainem wort.

Schmack den praten oder nit

Kanst du fressen, bezal auch mit,

Hastu nit gelt, so gib ain pfandt,

Was gat vns an dein schelmen tandt.

XVII.

Gut garn spinnen.

Wa zwitracht gericht sol werden

Kan ich zu paider part geferden

Das yeder wänt ich red das sein,

So

---

*) Magen.　　**) Geiß= oder Saubohnen.

†) Das Sieber.

So wärff ich ſtül vnd bānck darein.

Noch kan jr kainer das erfarn.

Vnd wänen all, ich ſpiñ gut garn.

Biſt du derſelbig ſachen richter

Auff baiden ſeiten ain erdichter,

Das yeder wänt du hältſt ſein part,

Kainer von dir das innen wart,

Vnterköffer, Proſoneten

Die auff baiden ſeitten redten,

Die ſind vertragen, kauffſchleg machet

Vnd liegen das die balcken krachen

Zwu zungen tragen in aim hals

Vnd ire wort erliegen als,

Haiſſen *) da, vnd dort verbieten,

Mit falſchem mund ain ſach begieten **).

Weñ ainer wänt du redſt ſein wort,

Was du da ſagſt, das leügſt du dort

Vnd leügſt ſchedlich auff baiden ſeiten,

Kañ er ſein fueg damit erpeitten ***),

So ſchafft er jm ſein aygen gwin

Das ich damit verdorben bin

Als ich maint, er tädingt mir †),

Do blib er din ††), ich vor der thür.

Jch

*) Beſehlen.   **) Beſchönigen.

***) Erlangen.   †) Nimmt meine Parteſ.

††) Darin.

Ich sprach zu jm, du falscher man
Ich maint du hetst mein wort gethan *),
Er antwurt mir, hye hindertritt
Eer das man dich mit dreck beschitt.
Ich flucht vnd verdroß mich übel,
Da sprach er, fleüch ich bring den kübel.
Ey nun bring, du öder man,
Zun schelmen solt du billich stan,
Das du nun also schändlich leügst
Vnd vmb mein gelt darzu betreügst
Da ich maint du hieltst mein tail,
Trugst du mein sach den feinden fail.

XVIII.

Leüß in pelß setzen.

Es wär nit not als ichs thu schätzen
Geschittet leüß in pelß zu setzen,
Sy wachsen selber drin zur hand,
Drumb halt ichs für ain grosse schand,
Das mancher schelm das böste zaigt,
So wir darzu seind selbs genaigt.
All menschlich sin vnd ir vernunfft

Seind

*) Zu meinem besten gesprochen.

D

Seind yetz gnaigt in die schelmenzunfft
Dañ sy mit irem bösen leben
Dem nächsten böß exempel geben.
Vnd leren mich vil büberey
Diselben keñ ich leichnam *) frey.
Mancher zündt aim ain feürlin an
Das on sein zynden selber bran **).
Die junge welt ist so verkert
Mich dunckt wer sy yetz boßhait lert
Der tregt das wasser in den Rein.
Man findt wol yetz ain mägetlein †),
Das kan meer list vnd schelmenstück
Dañ ain alte, offt vnd dick
Die sechs höre ††) durchloffen ist.
Kain spittelmuck an peltz gebrist
Darumb ichs für groß übel han
Das du mer leuß woltst setzen dran
So der peltz lauffet also vol
Das ich jn nym †††) kan seubern wol.
Ich sags bey ayd vnd auff mein eere,
Es hilfft kain straff vnd tugend mere
Die junge welt kan so vil schwencken

Das

---

*) Fürwahr..   **) Brannte.
†) Mädchen.   ††) Heere.
†††) Nimmer.

Das die alt nye dorfft gedencken,
Ich will geschweigen das sie es thet.
Darumb es warlich übel stet.
Die mütter yetz ir töchter leren
Sich mit der schelmen zunfft ernären.
Mich dünckt fürwar es wär nit not
Zu boßhait geben solchen rot,
Es lernt sich alle stunden selber,
Das küw im stall geperen kelber.

XIX.

Das klapperbäncklin.

Liebe gfatter seltenfrid,
Solt es mich verschmahen *) nit,
Das mich der öde schändlich man
Hat zu den schelmen heissen stan
Ach helffent mir ich kan so vil
Das ich jn wol verzaubern wil.
Der teüffel hat dich haissen komen
Ich habs in meinen syn nye gnomen
Das ich dich her hab heissen ston,
Du wilt selbander diß ort hon.
Vnd bringst fraw seltenfrid mit dir
Vnd drowest zu verzaubern mir.

D 2   Ich

*) Mir zur Schmach gereichen.

Ich glaub, daß du vnd der böß find
Warlich seyen geschwisterkind,
Wañ wa du solt zu kirchen gon
So bleibst du auff der gassen ston
Vnd richtest Pabst vnd Kaiser auß,
Auch kombst du nymer haim zu hauß
Du habest dañ die leüt vnd land
Mit deinen bösen worten gschand
Vnd viertzig tausend lugen gdicht
Got vnd die welt gar außgericht *).
Ja wañ ain vogel käm hyehere
Tausent meil weit über mere
Du hencktest jm ain spötlin an
Vnd schültst mich erst ain öden man
Gond herzu ins teüffels namen
Du vnd seltenfrid zusamen,
Jr klapperen vnd kakatressen,
Deñ man wänt ir hören messen,
So stond ir wol zwölff gantzer stund
Vnd wäschend euwern faulen mund
Mit fromen erbern biderleütten
Vnd das vorab in hailgen zeitten,
Ewers schwätzens ist kain end
                                    Biß

*) Ausrichten wird noch heut zu Tage in Franken
   für Schmähen, Lästern gebraucht.

Biß ir hond yederman geschendt,
Als ir mir yetz auch hond gethon
Do ich eüch hieß zun schelmen ston.

XX.

Zwischen stülen nidersitzen.

Hailger Leichnam vnd botz darm *)
Ich maint gar offt ich säße warm
Vnd het im bad gar gute hitzen,
Da müst ich schändlich nydersitzen
Zwischen zwayen klainen stülen
Da mer schelmen niderfilen.
Zwayen herren dienst zusagen
Mit aim hund zwen hasen iagen,
Loben da, vnd dort hyn klagen,
Das kan nit seyn durch grosse witzen,
Vnd macht oft manchen schelmen sitzen
Zwischen zwayen stülen nider,
Das er selten aufstat wider.
Man sagt mir, wer vil handtwerck kan
Der wird zuletzt ain armer man
Das er kainem thut genug
Vnd legt sein hand an ainen pflug

D 3   Berewt

*) Eine Verwunderungs - vnd Fluchformel.

Berewt *) jn bald, ist nur sein schuldt,
Damit verleurt er gottes hulb.
Wir nemen offt vierhundert pfrůnd
So wir nit ainr vernuegen **) thůnd,
Auch seind wir hye vnd anderßwa
Vnd sitzen weder hye noch da,
Wir werden münch vmb ewigs leben
Vnd dienen doch der welt darneben.
Wir wolten gern auff baiden seitten
Eerlich auff aim stecken reitten,
Vnd weñ wir hond den dienst gethon
So gibt vnß doch ir kainer lon
Ye ainer weißt vnd auf den ain †).
Wer sein lon nimpt von der gemain
Vnd waißt nit ain insonderhait
Der jm sein lon entgegen trait
Der ist ain narr auff meinen aibt.
Darumb rat ich mit trew on spot
Das wir alle dienten got
Der allezeit belonung that
Wa man jn freůntlich darumb bat.

*) Es reuet ihn.   **) Genůge.
†) Andern.

XXI.

XXI.
Tieffe wörter geben.

Weñ ich hab ain sach mit schmertz
Die mir gäntz nit ist vmb das hertz,
Als weñ ich näm ain altes weib
Mit ainem runzelichten leib
Vnd het doch guldin vil darneben,
So kan ich tieffe wörter geben.
Wer vor zeitten weiben wolt
Der acht kain silber oder golt,
Wa er fand ain züchtig magd
Von deren ältern nyeman klagt
Die da waren erber leüt
In gegenwürt vnd lange zeit,
Vnd wa man fand ain guten namen
So griffen sy dañ eelich zamen,*)
Jetz fragt man nym nach zucht vnd eere
Auch nach kaim guten namen mere,
Die ersten fragen die man thut
Die ist, wie vil sy habe gut
Vnd ob ir sey der seckel schwäre,
Ob sy gleich sunst gantz rotzig wäre
Gryndig, lieff voll läuß, vnd schäbig

D 4   Schel-

*) Zusammen.

Schellig *), blind, vnsinig, röbig **),
Das schadt is nit, het sy nur gelt
Bald spricht man das sy wol gefelt.
Het sy zwölff jar an krucken krochen
Vnd den arß in falten gstochen
Noch dañ ist sy mein kaiserein
Vnd auch die allerliebste mein
Auff der seitten allermaist
Da sy den schwären seckel waist.
O wie tief schöpfft er die wort
Weñ er spricht mein höchster hort.
Ich wolt wa ich ain schelmen find
Dem kain gut wort im hertzen find
Vnd redt vns dañocht freüntlich an
Er müst mir an das örtlin stan
Das er deil frölich dörffte sagen
Der teüffel hat mich hergetragen.

XXII.

Die Saw krönen.

Suß saw, grobianus haißt ain schwein
Der nichtz kan dañ ain vnflat sein
Von dem mit worten, wercken, berden

Die

---

*) Dumm.　　**) Ausgelassen.

Die loß *) im ſtall krönet muß werden,

Vnd vnſer loß ſo adlich ſchetzt

Das er ſy auff ain küſſin ſetzt,

Beneveneritis nobis, herr grobian

Surſum corda, fachts eſſen an

Iſt ſchon ain edler da dañ ir

Des achtent nit, greifft in das gſchir

Wa das beſt ligt anderßwa

So greiffent dar vnd nements da

Vnd achten nit vor wem es lige

Als die ſaw thut in der ſtige

Sucht das beſt von allen ſtückeir

Karpffenzünglin thut verſchlücken

Kalbsköpff, hirn vnd dröſchen **) leber,

Hauend drein recht wie ein eber

Vnd laßt ain röupßgen das es kracht

Vnd haltend auch allain den bracht ***)

Mit wüſten worten vnd mit wercken

Die ſawglock laſſent vnß auch mercken.

Kumpt ain mönch vnd haiſt durch got †)

So hört ††) das zu der ſchelmen rott,

D 5   Das

---

*) In dem angeführten *Vocabularius* heißt Loſa ſcrapha, porca.

) Droſſeln.   *) Geräuſch, Geſchrey.

†) Bettelt um Gottes willen.   ††) Gehört.

Das du jn fragſt, wie offt vnd dick
Ain nacht verſuchet hab ſein glück
Wie lang er hab, wie groß er ſey
Das hört als zu der ſchelmerey
Wollt er ſich dañ da vor dir klagen
So ſprich, o münch du hörſt in wagen *).
Wißt mein fraw dein adams rut
So thet ſy mir nymer gut,
Biß guter ding vnd kotz darneben,
Dañ will ich dir erſt vrlaub geben.
Ja grüß mir jn du merckſt mich wol
Gäbſt mir von deiner grobheit zol
So mächtig ward kain herr am Rein
Der mit mir legt gleich pfeñing ein.

XXIII.
Glatte wörtter ſchleifen.

Die welt iſt yetz der liſt ſo vol
Welcher ſie überliſten ſol
Der iſt gantz von künſtreichen ſÿñen
Vnd müß mer dañ ich ſelber küñen
Auch nach dem rechten ſchnürlin greiffen
Vnd freilich glatte wörtter ſchleiffen.

Au

*) Du gehörſt in den wagen, der Schelme
nemlich.

All warhayt ligt yetz auff der erd
Wer mit vmgat der ist nit werd *).
Es seind der schmaichler also vil
Der keinr die warhait reden wil
Das es shider ist ain schandj
Das lugen vol seind alle land
Man findt yetz maister die dich leren
Wie du dein wörter vmb solst keren
Schleiffen glatt vnd glitzend gärben
Vnd auff der zungen zyerlich färben
Das sy gantz glatt mir fallen ein
Als wär es nichtz dañ süßer wein,
Auch wie man sol ain titel geben
Durchleüchtig, hochgeboren, eben
In der geburt ist auffgestigen
Hoch oben da die fässer ligen.
Wir müssen yetz den Pauren eren
Fürsichtig, weysen, lieben herren.
Sy lassen sich fürsichtig schelten
Vnd wissen nit was rüben gelten
Seyen wir dañ gaistlichs orden
Vnd hoch tituliret worden
Alß gaystlich frum vnd hailig vätter
Den hymel dient vnd alle wetter

Was

*) Wird nicht sehr geschätzet.

60

Was fol ich vil fagen davon
Der leiplich teüffel hats gethon
Das ain demütig gaiftlich man
Hochfertig, glatte wortt will han.
Wa wills zuletzt doch außhyn gon
Oder wie lang mag es beſton.

XXIV.

Der naß knabe.

Das ſind mir freilich naße knaben
Die vil verzern vnd wenig haben
Vnd ſeind mit böſem waſſer gwäſchen
Auch hond den ſchlüſſel in der täſchen
Damit ſy den ſchalck außher lon
Doch knüten wider bſchlieſſen ſchon
Knüten ſich in dem ſtegraiff nären
Mit neüen beeſen ſtuben keren
Den fliegen van den herren weren
Thuud haimlich in den mantel ſtechen
Mit fenſter werffen ſich ſelbs rechen,
Schmachbüchlin ſchreiben on ain namen
Mit lügen hötzen wider zamen,
In der kutten gaiſtlich berden
Dem deñocht möcht ain orſlin werden

Bey

Bey difem fromen naffen knaben
Ob fy mirs fchon für übel haben
Das ich diefelben hyeher ftell
Was kan ich für mein vngefell
So ich diß jar zunfftmaifter bin
So ftell ich fy nach meinem fyn
Weñ fy ain andern nach mir wellen
Der mags nach feinem willen ftellen
Dieweil ich bin an meinem ampt
Ker ich mich nit an fy allfampt.
Naffe knaben, truncken fläfchen
Mit böfem waffer feind fy gwäfchen
Das ich kain ander örtlin find
Dañ diß für folche böfe kind.

XXV.

Von Reichftätten reden.

Mancher will als richten auß
Was in dem Reich ift vnd darauß
Wie das Römifch Reich beftand
Mit teütfchem vnd mit wälfchem land
Vnd weñ mans bey dem licht befecht
So ift jm doch bevolhen nicht.
Wer ander fachen mit feim fchaden

Auf

Auf seim rucken will beladen

Vnd will meer tragen dañ er mag

Vnd für ander füren klag

Der tag vnd nacht hat grosse sorgen

Wem die Venediger gelt erborgen

Wie sy es wöllen wider geben

Vnd wie der Pabst halt hauß darneben

Vnd wie des Römischen Künigs pund

Der Frantzos nit halten kund,

Vnd nympt sich vil des Künigs an

Der jm nye kain bevelch het than

Der mag wol sein ain geugkelman,

Wa wir trincken oder essen

Des Künigs wölln wir nit vergessen

Vnd fragen, wie der Pabst hauß halt

Vnd klagen des Frantzosen gwalt

Auch wie er vns mit list darneben

Ains auff den schwantz ons werde geben

Vnd wie der Künig von Arragon

Die von Venedig nit wöll lon

Vnd der Thürck kum über meere,

Das kümert uns von hertzen seere,

Der dreck leit *) vnß so nach beym hertzen

Das wir davon hond grossen schmertzen

Die

*) Liegt.

Die Reichſtätt mũſſen auch daran
Die hond vns diß vnd das gethan
Wir wölns nit vngerochen lan.
Lieber ſchelm ſchũfſt *) du, das dein
Vnd lieſt die Reichſtätt reichſtätt ſein
Vnd trũnckeſt guten wein darfũr
Das reich darum kain ſtat verlũr.

XXVI.

Ain ſpecklin auff der fallen.

Wer nach ſeim ſyñ will fahen meũß
Der ſchmyr die fall vorhyn mit fleiß
Es iſt ein ſprichwort heũr vnd fern
Wa man ſchmyrt da fõrt man gern
Wilt du das deine thũr nit kirren
So ſolt du ſy vor wol beſchmyren.
Wer nit wol ſchmyren kan ain fall
Mit honig ſtreichen gifft vnd gall
Saur mit ſũß vermiſchen kan
Der laß die meß zu Franckfurt ſtan
Da lernſt du wol deß kauffmans tandt
Wie man jn treibt in allem landt.

Das

---

*) Schũfſt, das Imperſectum von ſchaffen, be-
ſorgen.

Das oberst ist schon zugerist
Lug *) du für dich was unden prist.
Der schawfalt **) hat ain gut gesicht
Wiewol dem andern vil gebricht
Darumb so haißt es abentheür
Oben süß und unden seür
Alle ding seind auff den kauff berait
Was man fail zu messen trait
Wie kan netz ain kauffman sein
Der sein fall nit richt darein
Und streicht das specklin vornen dran
Damit man narren fahen kan.
Die krämer hond gut reich zu werden
Wa narren kauffen on geferden
Weñ du schon ain man betreügst
Wie achtst du aber das du leügst
Und ain fromen bringst umb gelt
So jm der war dargegen felt
Das du mit recht solt widerkeren,
Betriegens, raubens wilt dich neren.
Den kauffman henckt man für die stat
Der solich kouff getriben hat.
Fürwar es wär mir gleich so lieb

Das

*) Siehe.
**) Von diesem Wort s. das Glossar am Ende.

Das mir mein gelt doch ſtäl ein dieb
Daũ das mich aint offenlich treügt
Vnd ſo ſchädlich nur erleügt.

XXVII.
Waſſer in prunnen ſchütten.

Man ſagt mir, der pruñ ſey nit gut
Darein man waſſer tregt vnd thut.
Alle ſtraffen mügen nicht
Erſchieſſen *) an ain böſen wicht.
Die alten hond das wol gewiſt
Das nichts ausgat da nichts in iſt.
Was wol will, das thut allweg recht
Wa aber iſt ain böſer knecht
Do muß ain guter maiſter ſein
Der jm ain mund vol guts brächt ein.
Hieher gehören meine kind
An den all ſtraff verloren ſind
Vnd lond jn ſagen, pfeiffen, ſingen
Noch kan man ſy nit fürter bringen.
Tauff vnd chryſam iſt verlorn
Sy bleiben in den alten jorn

Wie

*) Erſprieſſen, etwas ausrichten.

E

Wie ſy in jugent ſeind erzogen
Leckerſch, diebſch vnd als erlogen,
Den galgenweg hond ſie gelert
Vnd ire augen doch verkert
Auch zu aller boshait gſliſſen
Hond in den tauff darzu geſch…
Meine ſün die Mertzen kindt
Wer ſy ſtrafft dem ſeind ſy ſind,
Galgenſchwenckel, kräenſpeiß *).
All ir ſorg iſt vnd ir fleiß
Das ſy ſich hütten vor den fruſten
Biß ſy zu ires gleichen kumen
Vnd der feldglock **) klüpffel werden
Das iſt der lon ir hübſchen berden
Do ſy nit folgten meinem rat
Do folgt ich jn biß für die ſtat
Vnd keret wider haim zu hauß
Vnd ließ mein kinder hengen dauß
Do hangens noch, got ſey es klagt
Das ainer ſo klain Eer erjagt
Zu aignem hail nit laßt erbitten
Vnd waſſer in den praſten ſchütten.

*) Speiſe der Raben.
**) Des Galgens.

XXVIII

XXVIII.

Nuß durch ain ſack beiſſen.

Wer da bult ain Cloſterfrawen
Die er mit augen nit kan ſchawen
Zu ſehen jm nit werden magk
Der beißt die nuß nur durch den ſack
Der ſchaum im maul, der kern iſt dyn *)
Iſt das kewen nur ſein gwyn
Der ſtat hye an der ſchelmen rot
Der ſich vil hänndel vnderſtot
Die über ſein vermögen ſindt
Vnd ſuchet das er nymer findt
Der beißt vmbſunſt nuß durch ein ſack
So jm der kern nit werden magk.
Den kern haiß ich das ewig leben
Die zeitlich fröwd den ſchaum darneben.
Den ſchaum zu kewen iſt vns gach **)
Dem keeren wir nit dencken nach
Vnd weil mans bey dem Licht beſicht,
So ſpeiſt der ſchaum vns dennocht nicht.
Der beißt auch nuß durch ainen ſack,
Der bult das jm nit werden magk

C 2   Vnd

*) Darin.
**) Wir eilen unbeſonnen.

Vnd vorab gaiſtliche kind
Die got allain bevolhen ſind
Vermähelet dem höchſten got,
Die bringſt du zu der ſchelmen rott.
O wee wie wûrdt es mir ergon
Das ich hye her hab haiſſen ſton
Die Cloſterfrawen hye beſunder
Es nimpt mich ſelber groſſes wunder
Das ich ſo frävel bin geweſen,
Doch hab ichs allain ausgeleſen
Die ſo ſchöbig ſeind mit berden
Das ſy zu ſchelmen wöllen werden
Vnd gantz vergeſſen ires orden
Vnd ſeind zu buleriñen worden,
Sy wurden warlich yetzund lachen
Weñ ich jn küchlin hett gebachen
Nun hab ichs laider nit gethon
Deß muß ich manchen ritten hon.

XXIX.

Das maul in den hymel ſtoßen.

Man ſagt mir das in alter zeite
Waren vil geſchnäblet leütte *).
Ich kans nit für ain wunder han

*) Menſchen mit Schnäbeln.

So man yetz findt ain schnåbler man,
Der mit seim maul erraichen mag
Den hymel ond die stern alltag
Da schlag der leiplich teüfel zu
Das yetzund ist so groß vntru
Das got selbs nit meer sicher ist
Den schelmen, auch kein schnabel brist
Damit sy bis in hymel raichen
Vnd straffen got in seinen zaichen
Yetz hat er jn nit recht gethon
Das er vns hye hat regen lon,
Yetz ists zu warm, daū ists zu kalt
Vnd redendt got in sein gewalt
Wir hond so grosse sorg auff erden
Wie es doch sol gewittert werden
Wie die soū vnd auch der mon
Nach vnserm willen sollen gon
Darumb thun wir vns ain proceß *)
Vnd lesen für das wetter meß
Wir gond mit creützen vnd mit singen
Das wir die schelmen zamen bringen,
Kåm vnser herr gott hye auff erden
So müst er erst ain schüler werden
Wie er vns doch solt wittern lassen

E 3   Wir

*) Procession, Umgang.

Wir honds alls nach der rechten massen
Ain schelm wil got regieren leeren
Der vnß nit kúnd ain sewstall keren
Vnd straffet got in seinen sachen
Der nye kain löffelholtz kund machen.
Was nement jr euch an so vil
Lond *) got machen wie er wil,
Ich hör wol von deins ackers wegen
Solt got geben dir ain regen.
Das sunst zwaintzig feld darneben
Vm dein willen im wasser schweben.

XXX.

Ain raiff außstecken.

Wer kain dieb mit wercken ist
Der sol nit brauchen diebisch list,
Wer nit schencken will den wein
Der zeúch ins teúffels namen ein
Den raiff, so sicht man was da brist
Vnd das kein wein daselbst feil ist.
Man findt wol weiber die seindt frum
Des schwúr ich tausent ayd darum
Wen ich das frölich dörffte sagen
Sy het den arß in die schantz geschlagen.

Alle

*) Lasset.

Alle weiber hond die art
Weñ schon ain nymer übel fart
So hat sy doch ein freüd darab
Das man von jr gefallen hab
Vnd das sy raizen yederman
Mit farben die sy streichen an
Als ob sy selber köstlich weren
Vnd das man sy schier müß begeren.
Es tut nit not ain man zu raizen
Er frißt sich selbs in diser baizen.
Den frawen vnd ducatengold
Ist man sunst vergebens hold,
Die weiber hond ain freüd daran
So vmb sy wirbet mancher man
Sy sagen aber nit darneben
Das sy dartzu hond vrsach geben,
Liessen sy das raißlin ston
Sy wurden nit vil werber hon.

XXXI.
Der vnnütz vogel.

Der vogel hat ain böse art
Der sein aigen nest nit spart
Sunder selber sch... darein
Den gschmack doch selber nymet ein.

E 4   Ich

Ich merck wol was demselben brist
Das er jm selbs ein nequam ist.
Der vogel kan nit sein der best
Der sch... in sein eigen nest.
Wer jm selbs ain schalck will sein
Wie schont er dañ der Eren mein.
Ain pfaff der ander pfaffen schent
Vnd in der predig an sy went
Den layen klagt jr vbelthat
Auff der kantzel, da es hat
Weder glimpff vnd weder fug.
Ich habs gehört, der wasserkrug
Laß sich so lang zum pruilen tragen,
Biß das er werdt in stuck geschlagen.
Wer da schendt sein ratsgenoß
Bei dem er ist ein vnderfoß,
Wer sein aigen stat verderbt
Vnd sein leiplich kindt enterbt
Vnd jm selber stelen kan
Das jm kein frömder rieret an.
Die gaistlichhayt thuts allermaist,
Was ainer von dem andern waist
Das muß heraus, so yederman
Mit andacht kumpt zu predig gan.
Wir suchen vnser selen hail

So zeigt er mir den neythart fail
Vnd klagt mir van sein brüdern vil
So nyemants da nit richten will.
Das mag ain oder vogel sein
Der in sein nest selb scheisset ein
So er doch selber sitzet drein.

XXXII.
Schelmenbeicht.

Ain schelmen keñt man bey der beicht
Weñ jm die sach ligt also leicht
Das er spricht, mein lieber herr
Richt mich auß *), ich muß noch ferr.
Lauff nur hin biß **) außgericht
Meinent halb ists schon geschlicht.
Es mag wol seyn ain schelmenbeicht,
Weñ ainer spricht, ob ich vielleicht
Hett wider got den herren thon
Den peltz will ich mir wäschen lon
Vnd den harnisch sauber fegen
Was ich nit kan muß der pfaff frägen.
Weñ ich den schelmen fragen solt
Vnd er nit selber sagen wolt

E 5

Ich

*) Fertigt mich nur bald ab!
**) Sey!

Ich wolt jn fragen wie weit were

Zwischen Schnerßhaim vnd Ferrere *)

Vnd widerumb zum Kochersperg

Was dörffer lägent vberzwerg

Wes fragst du nit das du es woltst

Handlen, das du noch nit soltst.

Kanst du die schelmenstuck begon

So lerns auch klagen got darvon

Vnd nun in aller teüfel namen

Wilt du dich der klag dañ schamen

So hůt dich vor den wercken auch

Mach kain feůr so meidst den rauch

Vnd kumbst darzu als spötlich gon

Ich wölt den harnisch fegen lon

Vnd fragent weñ gut beichten sey

Vnd treiben nun ain schelmerey

Auß den hailigen sacramenten

Als ob es wären blaue Enten.

Spot deins gleichen, bist du weiß

Vnd schön der sacrament mit fleiß

Deñ bittst du mich du armer tropff

Das ich mein hend leg auff dein kopff

Ich käm wol an vnd legt dirs drauff

Das du sprächst, ach hörent auf.

   *) Ferrara.

XXXIII.

XXXIII.
Auf des teüfels schwantz bunden.

Ich hab wol manchen schelmen funden
Dem teüfel auf den schwantz gebunden
Der in widerwertigkait
Dem teüfel bündtnuß zu hat gsait *)
Vnd maint, jm wurde nymer baß
Biß das er bey dem teüfel saß.
Etlich sich dem teüfel geben
Weñ es jn übel geet im leben
So bald verzweifeln sy daran
Vnd wölln kain gdult in sachen han
Vnd mainent got der hab nit recht
Das er sy mit der straff durchächt
So sy es nit verdienet haben,
Das seind mir freilich nasse knaben
Vnd gar zeitlich auferzogen
Das sy als schentlich vnd erlogen
Got den herrn dörffent straffen
Das er nit sorg vnd leg sich schlaffen
Vnd nem jr guten werck nit acht
Das er vmb kain belonung tracht
Gleich als ob der Herr nit wiß

Vmb

*) Zugesagt, sich verbunden hat.

Vmb euern betrug vnd falſchen liſt
Gäb er euch verdienten lon
Jr wůrdent werlich übel ſton.
So er euch nit gleich auffwiſt *)
Vnd euch zu helffen iſt geriſt
Wie jr das nur ſelber wellen
Vnd allen rat euch thut beſtellen,
So thund jr wider jn vaſt kallen **)
Die ſach will euch gantz nit gefallen
Vnd fahent euch an zu ertrencken
Erſtechen, wůrgen vnd erhencken
Verzweyflen an barmhertzigkait.
Kurtz ab ich hab gethon ain ayd
Aller ſchelmen zunfft gemain
Das ich derſelben ſtell her kain,
Der jm ſelber thut den todt
Der hört nit in der ſchelmen rott
Er iſt nit werdt das er ſol ſeyn
Bey ſchelmen, er ghört auff den Rein
Vnd in der höll hat er vil kunden
Auffs teuffels ſchwantz iſt er gebunden.

*) Eigentlich: aufwichſet, gibt, was ihr wollet.
**) Reden, ſchreyen. S. *Scherz.* Gloſſar. col. 752. ſ.

XXXIV.

XXXIV.
Pilatus im Credo.

Das testament jm selber macht
Pilatus, das sein würdt gedacht
Offt vnd dick zu klainen Eren
Dabey ain weiser mag wol leren
Wornach ain yeder selber ringt
Dasselb jm ain nachreden bringt.
Darff ain schelm sein also öd
Also bübsch vnd also schnöd
Das jm kain schalckheit ist zu klain
So ist als dörstig die gemain
Das sy es als darff von jm klagen
Pfeiffen, singen, predigen, sagen
Wañ es ist also komen her,
Böse werck gend *) klaine Er.
Weñ man dein gedenckt also
Wie des Pilatus im Credo
So solstu selten werden fro
Das ist Pilatus testament,
Weñ ainer an seim letsten end
Auff erden läßt ain bösen namen
Des all sein kindt sich müssent schamen

Ver-

*) Gebeu.

Verſorgt er ſchon mit Gut ſein kind
Vnd brächt zu reichtumb all ſein fründ
Noch dörffen ſy nit auffrecht tragen
Ir augen, die ſy onterſchlagen
Wo man ſein ſchelmenſtück kan ſagen.
Ich hab das örtlin jn zugeben
Allen, die nach diſem leben
Löſtren, ſchenden als ir gſchlecht
Vnd thund ſelber auch nit recht
Den ſo ligt gantz nichtz daran
Was nach dem tod red *) von jn gan
Die guter nam beweget nye
In jener welt, vnd vorab hye.
Salomon ſpricht, hab ſorg vnd acht
Das dir nymer werd gemacht
Hye vnd dort ain böſer namen,
Des du dich allzeit müſſeſt ſchamen.

XXXV.

Kurtzen áthem haben.

Wir leichnam frumen truckneu knaben
Gantz ain kurtzen athem haben
Wañ er vnß ſchier will gar zerrißen

Das

---

*) Was für eine Rede.

Das wir doch nit behalten künen
Darumb das wir kain holfaß sind
Stond wir hye wir armen kind.
Hond jr ain verdruß darab
Das ich euch hergestellet hab
Was treibt jr dañ so manche sag
Das euch der bliß vnd donder schlag
Wer hat euch doch befolhen das
Das haimlich vnd verschwigen was
Das legen jr als an den tag
Ee das man thut darumb ain frag.
Hör vnd sich, vnd schweig darbey
Ja weñ dir wol mit friden sey,
Ist dir aber wol mit kriegen
Haimlichs sagen oder liegen
Würdt dir dañ der laimen klopfft
Vnd dein schöns har außgeropfft
So wollt ich durch die finger lachen
Darum so leern sparmund machen.
Het Sampson sein haimlichait
Dalide nit selbs gesait
Er wär nit komen vmb sein has
Vmb sein leben auch fürwar.
Wilt etwas thun so schweig, nit warn,
Du spraitest sunst das vogelgarn

Offen.

Offenlich den vögeln dar
Das yeder sein bald nimet war.
Darumb so lůg *) dein athem spar.

XXXVI.

Mit allen winden seglen.

Wer zäglen kan mit allem wind
Vnd lausen oben hin in grind
Den man empfahen wie er ist
Der ist von sunderlichem list
Vnd muß die wind freilich wol kennen
Ja will er faren schnell von deñen.
Wer ains hye leügt, das ander dört
Derselb mit allen winden fört,
Rat du aber mir wa hyn
Da widerkeren nit mag syn
Da sy stätig müssen bleiben
Daß seind die schelmen, die da treiben
Auff baiden saitten gfällig wort
Schelten hye vnd lobent dort
Sagent nain, dort sprechen ja
Lachent hye vnd wainent da
Gaißlich sein vor angesicht

*) Siehe zu, bedenke das!

Vnd halten deñoch frumkait nicht,
Spricht man deñ das euch got schendt
Das ir vil frumer leüt verblendt
Das ir euch also gaiftlich zaigen
Bucken, biegen, beeten, naigen,
Vnd zaigend euch das ir nit find
So gend ſy antwurt mir geſchwind.
Schweig daß dich der ritten ſchitt *)
Das tuch behält die farb ſunſt nit.
Wer ſich yetz nit gaiftlich leügt
Vnd die welt mit liſt betreügt
Derſelb muß yetzund hungers ſterben
Vnd in ſeim eigen ſchmaltz verderben.
Man muß die welt füren alſo
Es ghört den pauren haberſtro.
Wir mügen wol ſein was wir ſein
Nur das wir tragen guten ſchein.
Iſt das war, hond ir den vertragk
Der donder ſchlag in betelſack
Ir habt aim menſchen bald gelogen
Doch main ich, got werd nit betrogen.

*) Daß dich das Fieber ſchüttle!

F   XXXVII.

XXXVII.
Sich selbs küßlen.

Wer sich selber küßlet vil
Der mag wol lachen weñ er will
Weñ wir kriechen vnd seind alt
Vnd ist vns leib vnd blut erkalt
Vnd mügen weder guck noch gack
Noch sagen wir, ich denck den tagk
Da ich der welt auch war geleich
Also schön vnd seüberlich
Das mir die frawen waren hold
Vnd schanckten mir gut, silber, gold,
Ich hab erbult alls das ich hab
Wiewol ich yetz gang an aim stab,
Hört wie sich küßlet der alt schalck
Vnd gärbet mir aiu yltisbalgk
Wie ist jm doch sein sünd so leid
Der er sich riembt vnd hat jr *) freüb,
So er die werck nyñ treiben kan
Noch küßlet sich der öde man
Das sich die jung welt ergert dran.
Weñ ich ain alten das hör sagen
Der mir ain beyspil vor solt tragen

                                    Wie

*) Ihret wegen.

Wie er gebubt hab vnd gespilt
Vnd alle hurerey erfüllt,
So denck ich, griß du alter gaul
Wie bist du worden also faul
Nur in die schelmengrub darvon.
Must du von den wercken ston
Vnd magst nym hotten *) oder gon
So meid durch got die schnöden wort
Hye schadts doch nit, so hilfft es dort.
Warlich der weynkauff ist getruncken
So laß ich mich das sicher duncken
Das vmb ain yedes schändtlichs wort
Wir rechnung geben müssen dort.

XXXVIII.

Schaufflen für den arß schlagen.

Vmb guts gen **) böß, kain danck nit sagen
Die schaufflen für das arßloch schlagen
Gehört doch in der schelmen rott
Das wir weder mensch noch got
Nit durch ain filtzhut sehen an
So wirs als von vns selber han
Seit ich mich des hab vnderwunden

F 2 Schel-

*) Fortkommen. **) Geben, erzeigen.

Schelmen, lecker, böse kunden
Söffelsmäuler, naffe knaben
Die hofen halb zerschnitten haben
Jedem geben sol ain stand
Darnach sye das verdienet hand
So solt zuvorderst sein gesessen
Die got des herren hond vergessen
Gedencket nit das leib vnd leben
Got der herr vnß hat gegeben
Vnd vnß bewart an aller stat
All vnser har gezalet hat
Die schelmen hat so saur erarnt
Vnd so freüntlich vnd trewlich gewarnt
Vnd ist der bößwicht also faul
Das er doch nit aufthet sein maul
Vnd spräch, ach herr, hab Er vnd lob
Auf erden vnd im hymel ob.
Ja wol die schelmen volgen nit
Kain predig hilft, so hilft kain bitt,
Die bößwicht mainen bey meim aydt
So got mit dienst jn sey berait
Vnd so freüntlich mit jnen halt,
Er müß jn dienen mit gewalt
Es sey jm lieb recht oder laidt
So müß er seyn mit dienst berait,

Deß'

Deßgleichen auch die menſchen alle
Vor jm muͤſſent niederfalle
Des gibt der ſchelm jn banden lon
Als er vor hat mer gethon
Das ſy ſich billig muͤgen klagen
Er hab jn band die ſchauſten gſchlagen.

XL.
Bad uͤberhencken.

Man ſagt mir vil von guten ſchwencken
Das heißt eim fiub *),   bad uͤberhencken
Das mancher offt muß laider ſchwitzen
Von dem ſchnee als von der hitzen,
Das manchem wacht ſein groſſer ſchab
Proficiat ſpricht man jm das bad
So klug vnd weiß ward nye kain man
Der ſolche baͤder machen kan
Vnd die kreuͤter keñ dartzu
Oder wie man ſy woͤrmen thu
Dariñ ain man on alle hitzen
Von dem ſchnee facht an zu ſchwitzen
Durchdringet jn ain ſolcher ſchwaiß
Das ich bey meinem aydt nit waiß

F 3   Ob

*) Einem Feinde.

Ob ye kain bad auf erden was
Dariñ die menschen schwitzten baß
Die frawen knñendts aber machen
Des möcht der leiplich teüfel lachen.
Mir was ainmal ains zugerist
Das ich bey Ayd vnd Eer nit wist
Ob mir warm was oder kalt
Noch dañocht schwizt ich mit gewalt
Das mir der tödtlich schwaiß außdrang
Des hub ich darnach an vnd sang
Darnach waint ich jr dañ wider
Der schwaiß durchdrang all mein glider
Ich lieff, ich dobt, ich sprang, ich wüt
Vnd walt in mir als mein geblüt
Mir was der tag gleichwie die nacht
Also ward mir ain bad gemacht.
Weñ ich zwölfftausend guldin het
Ich thet nym was ich do zumal thet
Solt ich in das bad widersitzen
Ich wird mein sel vom leib aufschwitzen
Das was mir erst die gröste pein
Das Treitlin dartzu lachet fein.
Hüt herr got, bhüt mir syñ vnd witz
Das ich in dem bad nit meer schwitz.

XLI.

XLI.

Die ſaù verkauffen.

Wa ain eerlich gſellſchafft iſt
Schympflich vnd zychtig zugeriſt
Noch findt man deñocht ainen man
Der die ſau verkauffen kan
Dadurch ain gantze gſellſchafft muß
Groß ſchanden tragen oder buß,
Den iſts freilich ain ſchwäre bürd
Wa züchtigklich verſamlet würd
Ain freüntlich gſellſchafft ye zu fraibeß
Die ain ſchelm thut gar belaiden
Vnd facht ain ſchödlichs ſpyl jn an
Damit ſy all zu ſchaffen han
Mit laib vnd leben kaum entriñen
Am ſaukauff wenig nutz gewiñen.
Derſelben ſchelmen ſeind ſo vil
Weñ nyemants die ſau kauffen will
So gend ſy die ſo wolfail dan
Das der kauff muß für ſich gan
Vnd hand auch weder raſt noch ru
Ee ſchancktens aim die ſau dartzu.
Paris verkaufft ain ſolches ſchwein
Dz Troy gantz fiel in aſchen ein

Von

Von dem ich das hab gründtlich ghört
Das durch sein kauff Trey ward zerstört
Durch kriegen vnd schödliches raisen,
Dartzu gemacht witwen vnd waisen
Daran Paris nun schuld gewan
Ich wolt das ain solch öder man
Der durch ainen saukauff bringt
Das man land vnd leüt bezwingt
Dörffer, flecken, stöt vnd mauren
Dartzu verpreüt die armen pauren.
Das er die sau selbs fressen müst
Aus dem kat *) recht also wüst
Das er ain solche wüste spenß
Mit meer anricht für mandelreiß
Vnd vnverkanffet fürter ließ
Die sau biß ichs jn selber hieß.

XLII.

Den peltz weschen.

Mancher kan ain peltz wol wäschen
Vnd darff doch weder laug noch äschen.
Je mer man wäscht ain peltz fürwar
Je mer vnd mer bscheißt man das har

*) Koth.

Also vil gwinīt der daran
Der strafft ain vnsträflichen man.
Ich hab der mertzenkinder vil
Der kainer straffen laiden wil
Man sing vnd sag jn was man wöl
So findt man nichtz das jn geföll
Weñ sy jung zu schulen gan
Frü facht die nessel breñen an,
Vergifften sich vnd ander kind
Thet man sy nit hinweg geschwind
Sy solten wol den gantzen stall
Reüdig machen überall.
Dañ würt seins vatters straffen kund
Den bringt er warlich in den grund
Es hülfft da weder straff noch rat
Mein sun ain aug verkeret hat
Von dem galgen zu dem rad
Da wirt zuletzt sein wasserbad.
Kumpt er dañ im jar ain mol
Zu predig gon, so merckt er wol
Auff des priesters straffen all
Ob jm yendert *) ain gefall.
Alle leer gefallt jm nit
Von pfaffen, münchen auch damit

F 5

Er

*) Jrgend.

Er spricht, ich dörfft ain hallet nemen
Wa man kumpt zu predig zemen *)
Weñ ich mein lebtag meer darkum
So werd ich blind, lamb oder krum.
Gott wöll dem mönch den ritten geben
Wes strafft er sich nit selbs daneben.
Schulmaisters, predigers, vatters zorn
Ist grund vnd boden als verlorn
Weñ aber kumpt der hencker gon
Der gibt jm erst den rechten lon.

XLIII.

Raten was die rüben gelten.

Es londt **) sich vil ratsherren schelten
Vnd wissent nit was die rüben gelten.
Du magst wol land vnd leüt verfieren
So du dein hauß nit kanst regieren.
Ain schelm des Reichs †) sich vnderstund,
Der doch der schwein nit hüten kund.
O was brauch ich groß vernunfft,
Das ich ratsleut bring in die zunfft,
Ich neñ sy doch nit all gemain

Die

*) Zusammen.   **) Lassen.
†) Der Regierung.

Die groſſen ſchelmen nur allein
Die die andern all verfieren
All ſachen wie ſy wend *), regieren
Weñ ſy wöllen vmbher fragen
Ir mainung thund ſy vorhyn ſagen
Als Cayphas Chriſto Jeſu thet
Do er jn vor verurtailt het
Als der den todt verwürcket hat
Darnach fragt er erſt vmb rat
Do ſprachen ſy, man ſolt jn hencken
Das kund ich vorhin wol gedencken
Weñ die groſſen ſchelmen wöllen
Ir vrtail zu dem erſten föllen
Vnd ir mainung vorhin ſagen
Das die klainen nachher jagen.
Jaherrn neñt mans hye zu landt.
Was die erſten geurtailt haud
Das dunckt ſie alle ſament recht
Daſſelb jr kainer widerfecht.
Ja herr, gnad herr, herr wider herr
Iſt es nit weit, ſo ſey es ferr **),
Iſt es nit kalt, ſo ſey es warm
Es gat yetzund das got erbarm.
Wie iſt ain ſtumer rat ſo ſeltzen.

Ach

*) Wollen.   **) Fern.

Ach got, es gat netz alls auff steltzen
Biß daß ainmal den Hals abstürtzt
Vnweyser rat ain land verkürzt
Wiewol ain weyser leüt vnd land
Halt in wesen vnd in bestand.

XLIV.

Aim den weyher verbrennen.

Wer verurtailt wirt mit recht
Vnd das mit tröwen *) widerfecht
Hauen, kriegen, mörden, stechen
Vnd sich an grossen herren rechen
Den laßt man lauffen, wüten, reñen
Er kan doch nur ain weyher verbreñen.
Wir schelmen hand ein sundre art
Wa man vns betzwinget hart
Vnd wir das recht verloren hand
So rechen wir vns an dem land
Vnd sagen witwen waysen ab **)
Biß das sy gond an bettelstab
Vnd rechen vns nur an den fruñen
Zu den rechten sy nit kuñen,
Ain vrsach hat der schelm erdicht

Das

*) Drohen.
**) Absagen, befehden, verfolgen, berauben.

Das er gern guldin hat villycht

Darumb er arme leût verbreñt

Kindpetterin vnd die kinder schennt

Die kirchen gotes dartzu bricht

Vnd die. priesterschaft ersticht

So hast du dich gerochen dann

An dem armen schlechten maũ

Der dir kain laid nye hat gethan.

Diese schelmen hond noch brüder

Deren büben waißt ain yeder

Aller weg gelegenhayt

Vnd sind tag vnd nacht berait

Wa man schådigen will ain statt

So seinds bereit ee man sy bat

Die sich kriegs vnd vnglücks fröwen

Den armen noch vil bösers tröwen

Vnd schaden thund er sy absagen *)

Warnen so sy es hyn hond tragen

So soll man sich daũ erst versehen

So der schaden ist geschehen

Weñ ich dårft, so wollt ich yehen **)

Das ich die solt gesetzet han

Zu den schelmen vornen dran.

*) Den Krieg ankündigen.

**) Sagen, behaupten.

XLV.

XLV.

Der teüfel ist Abt.

Das ist freylich ain frömbder orden
Dariñ der teüfel Abt ist worden
Da ghört nit hyn das hailig creütz
Der Abt müst weichen sunst beseitz.
Betbücher ligt verbergeut all
Das onser Abt nit drüber vall
Wie dünckt das euch so frömbde märe
Ob der teüfel Abt schon wäre
Man findt wol semlich *) böß prelaten
Die thund vil teüfelischer thaten
Dañ der Teüfel auß der hellen.
Gaistlich Prälaten jagen wellen
Blasen, heülen, hochgwild fellen
Onsiñigcklichen reñen, baitzen
Den armen leüten durch den waitzen
Mit zwaintzig, dreyssig, viertzig pfärden,
Seind das gaistlich Prelatisch bärden **)
Weñ die Bischoff jeger werden·
Vnd die hund die mettin singen
Mit heülen den gotzdienst vollbringen.
In clöstern thund das auch die äpt

Ich

*) Solche.　　**) Gebehrden, Sitten.

Ich waiß wol wie man diñen lebt
Die clöster seind gestifftet worden
Zu halten ain geistlichen orden
So wölt jr yetzand fürstlich leben
Wärt ir dauß man würdt euch geben
Schmale pfeüing wert zu essen
Der teüfel hat euch gar besessen
Das jr doch auß gaistlichen gaben
Vil mehr hund getzogen haben
Daü brüder in dem closter sind
Oder sunst gaistliche kind
Vnd hond das closter gar vergifft
Die pfründen auff die hund gestifft
Wolan, wolan, was wölt jr wetten,
Eure brüder werden Metten
Ainmal singen von eüret wegen
Das euch der teüfel gibt den segen
So er doch on das Apt ist worden
In eürem so schelligen orden.

XLVI.
Gantz leis gebachen.

Frau Venus mit hoflichen sachen
Ist gantz vnd gar zu leis gebachen
Vnd ist aus seydenfaden gspuñen

Wil

Vil verthon vnd wenig gwunnen.

Ich kan nit wissen wies zugat

Das yetz ain yede samat hat

Darinn sy höflich *) einher gat

Vnd yetzund ist kain vnterschaid

Was seck sind oder seyden kleid

Man findt yetzund wol ainen sack

Der doch weder nacht noch tagk

Arbaiten oder dienen kan

Noch wil er seyden klaider han

Ain spanen oder zwo belent **)

An dem rock ben er antreyt

Von samat, damast, vnd von seyden

Vnd von den besten tůchen schneyden

Dartzu so hurisch vnd so frech

Ob es schon morn gantz widerbrech.

Es waren frauen in kurtzen jaren

So hübsch als jr yetz ymer waren

Also zierlich, also schon

Frůmer, lieber, der Ern ain kron,

Noch warens nit so lentz gebachen

Beschyssen als jr ytzund machen

Noch setzt ir auf ain gelbe brü

Vnd lügt yede wie sy jn thů

Das

*) Gleich einer Hofdame.
**) Belegt, verbrämt.

Das sy jr brangen fürher bring
Vnd wöllen haben alle ding,
Sy lond jn seydln klayder messen
Vnd honds brod nit im hauß zu fressen
Verderbt euch selber vnd den man
Das jr müßt an den bettel gan
Laßt euch dafür ain kyttel machen
Vnd seind nit also leiß gedachen
Das man wiß ain vnderschaid
Was adlich sey vnd peürlich klaid.

XLVII.
Die backen kielen.

Die genß hond gar ain schöne art
Obschon aine nit durstet hart
Sobald ain andre truncken hat
Trinckt so gleich an derselben stat
Gleich also kielen wir die backen
Vnd künen weder guck noch gacken
Ich hab wol sehn die backen kielen
Das dy schelmen niederfielen
Vnd strauchten von der wand zu wand
Het ich jn vmb ain gwissen stand
Geben tausent guldin lon
Sy hettens warlich nit gethon

Vnd künden weder gon noch ston.
Was der teütsch auff erd anfacht
So wird dabey der fläschen dacht,
Des hat man vns in wälschem land
Zu teütsch Inebriag genannt
Vnd ist vns allen sampt ain spot
Vor der welt vnd auch vor got
Das alle welt muß von vns sagen
Wie yeder teütsch ain fläsch thu tragen
Wie wir zu trincken ainander nöten
Vnd vns mit sauffen selber tödten
Wiewol das offt die Erberkait
Verbotten hat hoch bey dem aydt
Noch keren wir vns nit daran
Das wasser muß sein lauff wol han ;
Wenn wir die backen hond gefielt
Ain gut gesell dem andern zielt
Gantz auß das glas oder vier stein
Die witz *) heraus, den wein hynein
Denn werden wir so voll allsampt
Das sich ain yeder billich schamt
Also wie ein ku zu trincken
Wenn vns dann die zung wird hincken
So gat es erst recht an die ryeman **)

                                    Vnd

  *) Verstand.
  **) Flaschen, welche an Riemen hingen.

Vnd will des andern zag seyn nieman *)
Je ainer den andern fütter bitt
Das ers mit küblen in sich schitt
Den weinbach durch den kragen richt
Damit er jm sein leben bricht.

XLVIII.
Vnder der rosen reden.

Ich hab offt vnder roten rosen
Geklafft, gekallet vnd gekosen
Hett ich ain dreck zur selben stund
Dafür gehabt in meinem mund
Ich het sein warlich baß genossen
Vnd wär tauglicher mir erschossen.
Reden ist nit allzeit gut
Darumb so halt dein maul in hut
Vnd richt nit alle tandmär auß
Das dir nit kum vnglück ins hauß
Halt zu vnd bschleuß die brot täsch
Dein vnütz maul nit allzeit wäsch
Mit frumen vnd mit erbern leütten.
Red ist nit gut zu allen zeitten.
Darumb so lern sparmunde machen
Du must sunst wain, so du möchst lachen.

G 2   Doch

*) Keiner will sich vor dem andern fürchten,
oder sich von ihm übertreffen lassen.

Doch hond die schelmen ainen fund
Was sy schwätzen alle stund
Vnd von den erbern leütten kosen
Hond sy es thon vnder der Rosen,
Nit weitter sol es komen dañ
Ich waiß nit, wie verschwygen kan
Von vilen bleiben semlich red
Die er selb nit verschwygen het.
Was schwyg er nit ins teüfels namen
So schwygen die andern alle samen
Dañ fahents an glossieren schon
Wie man ir reden sol verston
In beichtens weiß vnd anders nit
Wa hat der arm sein Eer damit
Der da frum ist vnd auch bider
Wer gibt jm dañ sein Ereu wider
Die du jm abschwätzest zuruck
Mit lugen vnd mit schelmeñstuck
Der teüfel hat dich so verkert
Mit falschen lugen beichten glert
Er hat dich selber auch gehört
Vnd wirt dir geben deinen lon
Zu seiner zeit Absolution.

  Hie endet sich die Schelmenzunfft, vnd
   folgt hernach der verloren sun.

            Der

Der verloren Sun.

Ich bin derselb verloren Sun
Vnd kan üppig schendtlich verthun
Was mir mein vatter gibt zun Ern.
Weñ ich mich dañ kan nym ernern
Vnd gantz vnd gar nym schwymmen kan
So lauff ich haym vnd wayn jm dran
Ich bin derselbig trucken knab
Mein erb ich langst gefordert hab
Von meinem vatter in seym leben,
Ain strick an halß solt er mir geben
Den ich doch baß verschuldet hätt
Dañ das ich vmb mein erbtail bät
Noch hab ich das von frävelm mut
Gefordert meines vatters gut
Als ain junger lecker thut
Der doch nit erkeñen kan
Wie saur das gut, ist komen an
Mein armen vatter vnd den frumen
Der das gar hart hat überkumen
Das ich on witz vnd all vernunfft
Gab, das ich kaufft der schelmen zunfft
Die mir zuletst gab bösen lon
Vnd ließ mich in groß armut ston
Das ich schier hungers war gestorben

G 3 Het

Het ich nicht vmb ain ampt geworben
Der schwein zu hüten, zu jn gsessen
Vnd mit jn grobe kleyen gessen
Der ich doch nit genug mocht hon
Do fieng mirs an zu hertzen gon
Vnd lernt in meiner armut schwymen
Do ich so gantz kund watten nymen.
Ich sprach, o herr got vatter mein
Wie kört ich zu dir wider ein
So ich mein erb vnd als dein gut
Verzeret hab in argem mut
Mit der öden schelmen rott
Das ich bin worden gar zu spott.
Herr sich mich an, ich bin der knab
Darumb du stygst vom hymel ab
Vnd suchtst mich arms verlornes kind
Dem du doch billich wärest find
Herr Vatter ich bin dein creatur
Die du warutest also fur
Vnd fandst mich an ben galgen wider
Do du dein haubt im todt legtst nider
Wie frum ich bin, merck alle welt
Das du mich fandst am galgen feld
Hettst du mich an eerlichem ort
Gewißt, du hettst gesuchet dort

So ich nun war ain galgen kindt
Do man all böse lecker findt
Do ich solt billicher ghangen sein
Wañ du, hertzliebster Vater mein
Vnd doch dein vätterlichs gemüt
Vor grösserm fall freündlich behüt
Erbarm dich mein, herr, vnd verzeich
Beweiß mir gnad in deinem reich.

Des Vaters Antwurt.

Kum herein hertzliebstes kind
Wañ all mein glid beweget sind
Mein hertz, mein leib vnd all mein nutt
Empfahen dich mein flaisch vnd blut
Wie hab ich dich so saur erarnt
Vnd so vätterlich gewarnt
Ich armer vatter meiner kind
Das sy mir so gar vntreü sind.
Mein lieber sun du sagest wor
Das ich dich sucht am galgen vor
Ich muft wol suchen da du waft
So du dich selb dar gfieget haft
Wie war ich so ain betrübter man
Jetz leit *) mir noch ain schwärers an

G 4.   Das

*) Liegt.

Das mir doch nit vergessen kan
Ich wolt gern laiden noch ain tod
Das ich abthet der schelmen rott
Darinn ich dich netz fand mein kind
Wie bist du doch so gar erblindt
Das du dich stellst zun schelmen dar
Vnd meiner gůt vergissest gar.
Du soltst dich doch der schelmen schamen
Von ains eerlichen vatters namen
Der da ist ein frumer man
Bud nye kain schelmenstuck hat than
Glaub mir es bringt mir grossen schmertzen
Vnd geet mir gantz kläglich zu hertzen
Das ir eůch so zusamen rotten
Mit schelmenstucken mich verspotten
Vnd ist mir doch ain herte pein
Der ich mag nymer frölich sein
Wa ich das hör von meinen kinden
Das sy sich bey den schelmen finden
Vnd erst ain zunfft hond zugerist
Was freůden das aim vatter ist.
Das merck ain yeder bey seim kindt
Weñ er dasselb vnerlich findt,

Ver=

Verſpruch des verlornen Suns.

Ich hab geſündt mit böſen berden
Vor dir mein got vnd auch auff erden
Vnd hab mein erbtail gar verthon
Jetz fachts mir zu hertzen gon
Ich ſich, das es nit mag beſton
Darumb ich mich des billig klag
Vnd vätterlichem hertzen ſag
Das ichs vmb dich wol hab verſchuldt
Verloren gar meins vatters huld
Dartzu mich ſelber auch geſchannt
Vnd ſol dein ſun nym ſein genannt.
Wir knuden auch nit meer begeren
Dann das wir nur dein diener weren
Wir hond nit thon als frume kind
Darumb wärſt du vns billich ſind
So du vns aber hilffſt aus laidt
Durch dein grundtlos barmhertzigkait
Vnd durch dein vätterlichen muth
Erkeüſt vns für dein flaiſch vnd plut
Vnd für deine arme kind
Die ſo gar verfaren ſind
Ermanen wir dich noch ain mol
Als ain kind billichen ſol
Vertzeyhe vns, vnſer herr vnd gott

Das

Das wir stond in der schelmen rott
Vnd hond ain schendlich zunfft gemacht,
Wa es hinraicht, nit vor bedacht
Weert die zunfft schon lange zeit
Es kumpt ain stund das sy erleit *)
Lange zeyt ward ewig nye
Dort wird das end, weert sy schon hye
Diese zunfft kumpt gar zu spot
On Gotes Eer vnd sein gebot.
Die will ich vatter dir erzelen
Mich vnd alle mein gesellen
Das alle ding kläglich zergon
On du mein gott vnd vnser lon.
Wiß herr, das vnß nyemans hat
Gestellt her an der schelmen statt
Dañ vnser frävel vnd mutwill
Der vns verleckert nur zu vil.
Wir hond vns selber hergestellt
Vnd wissen das es dir nit gfelt
Es hat auch nyemans schuld daran
Wir hond das alles selber than
Durch vnsern bösen freyen willen
Thund wir die schelmenzunfft erfüllen.
Ain ebenbild laßt mich euch seyn
Ir öden schelmen all gemein

Vnd

*) Erliegt, aufhört.

Vnd merckt wie got mich hat empfangen
Wie schåndtlich es mir ist ergangen
Do ich euer zunfftgenoß was
Vnd gantz in meines vaters haß
Vnd hett durch sein barmhertzigkait
Dennocht erlößt aus allem laidt
Mich bösen sein verlornen sun
Do ich sein gut het als verthuu
Keert vmb mit mir zu gotes gnad
Das euch der schelmenzunfft nit schad
Waū *) wer von blawen enten predigt
Mit falscher leer den glauben schedigt
Derselbig lernet **) got gar wol
Wie er jn selber strafen sol.
Wer yedermaū den wein ausrufft
Derselb sich offt vnd dick verrufft.
Vnd findt gerad ain solchen man
Der jm den wein auch ruffen kan.
Redst du schon den brieff entzwey
Noch sind der richter mancherley
Vnd must mit got erst darnach rechten
Der jm kain stråben bart last flechten
Vnd kert sich an kein eysen beissen
Noch last kein groben possen reissen

Sanst

*) Denn, sintemal.   **) Lehrer.

Kanst du dañ auff den flaischbanck geben
Des nympt dir wider *) got dein leben
Vnd kan dir mort mit wort ermessen
So du wånst **) er habs vergessen.
Er last jm an kain kerbholtz rechen
Vnd jm ain haller nit abprechen
Es muß betzalt sein bey aim har
Ja seind die gottes wörter war.
Friß den schulsack wie du wilt
Noch ist damit got nit gestilt
Verdienst du noch zwölff grawer röck
So farst du deñiocht an die stöck
Das got vergilt den falschen bben
Die auß aim holen hafen reden
Die alten dreck auch stincken machen
Das sye es werden nymer lachen
Vnd geet auch nymer wol den schelcken
Die fälschlich vnser oren melcken
So ist der hyppenbuben orden
Offt hye vnd da gestraffet worden
Vnd die das gelt nement zuruck
Kain redlich man braucht solche stuck.
So waiß ich wol, wer faul garn spiñt
Das er zu knüpffen vil gewinnt

Vnd

*) wieder.   **) wähnest.

Vnd hilfft kain praten schmacken mer
So werdent leüß im peltz so ser
Dich beiſſen, das du ſolteſt wöllen
Kaine nÿmer drein zu ſteſſen
Auch iſt klappren vnd ſchwätzen hye
Vngeſtrafft belyben *) nye.
Zwiſchen ſtülen niderſitzen
Ward nye geachtet für ein witzen
Was hilfft es das wir wörter geben
Tieff erſchöpffet in dem leben
Weñ der tod yetz zuher kumpt
So iſt der pruñ vnd mund erſtumpt
Dañ wird dir laid die ſaw zu krönen
Vnd hilfft nit meer die wort beſchönen
Auch wird die hitz vnß thun ſo wee
Das kain naſſer knab wird mee.
Die reichſtöt ſeind mit dir zergangen
So werden nit meer meüß gefangen
Hetteſt allen ſpeck auff erden
So mag kein fall **) mer bſtrichen werden.
Wer will dañ in den pruñen tragen
Oder nüß im ſack zernagen
Vnütz vögel, falſche beicht
Vnd alles was die ſeel macht leicht
Grund vnd boden dañen weicht

Vnd

') Geblieben.   **) Keine Falle.

Vnd alle schelmenstuck damit
Die ich weitters erzele nit
Vnd alle zierden hye auff erden
Allain wir zu dir sehen werden
Auff deine gnad, in deine hend
Darumb wir yetzund vatter wend *)
Der schelmenzunfft auff erd vns massen
Vnd von deinen wegen lassen.
Wamit die schändtlich zunfft vmbgat
Wir sehen, das es nit fug hat
Vnd mag die leng hye nit beston
So nympt es dort ain bösen lon.
Seind wir schon schelmen vnd nit biber
Noch keren wir yetzund all wider
Mit dem verlornen sun mit schall
Zu vnserm lieben vatter all
Das er durch sein gnadreichen mut
Erkenn vns für sein flaisch vnd blut
Vnd für sein verlorne kind
Der noch vil auff erden sind.
Hertzliebster vatter herr vnd gott
Erbarm dich über die schelmen rott.

Die entschuldigung des zunfftmaisters.

Verlorner hauff vnd schelmen rott
Du hast verachtet vnd verspott

Mich

*) Wollen.

Mich vnd mein ainfeltigs gedicht.

Darumb das ichs hab villicht

Nit gesetzt nach deinem willen

Wie kan ich yedes bgird erfüllen

Vnd euch all setzen vornen dran

So ir solt in der ordnung stan.

So ir nun murmeln wider mich

Versech ain yeder selber sich

In hundert tausent teüffel namen

Setzt euch selbs vnd ruckent zamen *)

Ich muß mer scheltens von euch hören

Dañ wärt ir erber leüt von Eren.

Dem bin ich grob, dem andern schlecht

Vnd kan euch schelmen thun nit recht

Jr maint, ich solts baß hon beschönt

Do ich die saw hab vor gekrönt.

Vnd solt euch anders hon gestellt

Wie euch dasselb nur wol gefellt

So ich zunfftmaister bin gewesen

Hab ich die zunfft auserlesen

Wie ich sy allzeit leckers find

Jr thund wie die bösen kind

Vnd greifft mir in mein ampt hynein

Ich will nit mer zunfftmeister seyn

Ich ließ euch wol den ritten han

Ee

*) Rücket zusammen.

Ee das ichs mer wölt nemen an

So ir auff mich fürt solche klag

Glaubt mir, das auff den jungsten tag

Wird man euch ain maister geben

Der euch zu stellen waißt gar eben

Wa ain yeder hin gehört

Do mancher schelm selbs übel fört

Der wird euch werlich leren ston

Vnd geben den verdienten lon

So werdt ir sagen ich was bider

Ach hetten wir den Murner wider

Des überredt mich daß kain man

Das ich das ampt nem wider an.

Ich hab die schelmenzunfft beschriben

Vnd bin auff gmeiner red belyben

Wa ich dañ hett insunderhait

Troffen ain, das wär mir laidt

Wañ mein mainung ernstlich was

Nyemans melden hye auß haß

Freündlich, schimpflich *) zaigen an

Wo doch irret yederman

Vnd wie man Erlich gsellschaft lat **)

Vnd in der schelmenzunfft vmbgat

Die ich zu Franckfurt an dem main

Anfencklich dichtet zu latein

Darum

*) Scherzhaft.   **) Ladet.

Darum du finbſt, das ich auch kan
Ernſten *) wo es fug mag han
Wiewol ich bin in teütſcher ſprach
Vil ſchimpfreden **) gangen nach
Darumb du dich nit ergern ſolt
Das ich ſo ſchimpflich reden wolt
Wañ wer dem vngelerten will
Schreiben, der muß ſchimpfen vil
Wiewol mein ſchimpfen wår auß not
Warlichen vil der bitter tod.
Frag ainen der von Franckfurt iſt
Wer diſe zunfft hab zugeriſt
So wirſt du wol ain antwurt finden
Von mañ vnd weib, vnd auch von kinden
Das ich ernſten kan mit ſchimpff
Vnd doch nit laß der Eren glimpff
Ich kañ das böß vnd auch das gut
Vnd ſchick mein ſach als billich thut
Der nach gelegenhait der ſachen
Groſſen ernſt kan ſchimpflich machen
Groſſen ſchimpf mit ernſt verkeren †)
Vnd mit baiden arten leren
Ich wolt der welte tandt beſchreiben
Da muſt ich auff dem ſchlag verbleiben

Wañ

*) Ernſtlich ſprechen.   **) Scherzreden.
†) Vermiſchen, ridendo dicere verum.

H

Wañ *) wer beschreibt der welte stat **)
Der muß wol sagen wie es gat
So gat es warlich nit fast wol
All die welt ist schelmen voll
Die ich taxiert hab in der gmain †)
Insunderheit keñet kain
Träff ich ain mit dem schelmen bain
Das er mit fluchen widerredt ††)
So wißt ich das ich troffen hett.
Darumb wer weißheit brauchen will
Derselbig schwaig nur lauter still
Vnd nem sich diser zunfft nicht an
So will ich jn mit friden lan
Wollt er aber trotzig schnurren
Vnd wider mein zunftgenossen murren
Der Kaiser wär jm nit dafür
Er müst sich stellen lan von mir
In dise zunfft, vnd vornen dran
Als ich den andern hab gethan
Ich hab ir manchen hergestelt
Der hett verwettet all sein gelt
Das ich so frävel nymer wäre
Zun schelmen jn zu stellen here
Des flucht man mir manch guten ritten

Durch

*) Denn.   **) Zustand.
†) Im Allgemeinen.   ††) Widerspricht.

Durch got hab ich es als erlitten
Tugend wird gelobet hye
Wiewol ir ward vergolten nye
Gott der gibt der tugend lon
Des wart ich auch in himels thron
Als alle prediger hond gethon.

Die schelmen kamen ainmal zamen
Vnd baten vmb ain andern namen
Das ichs doch nannt der gsellen rott
Nain ich *) warlich vnd bey gott
Wolt ir euch der schelmen schamen
So thund eerlich ins henckers namen
Vnd lassent euern schelmen tandt
In teütschem vnd in wälschem landt
So seind ir des von mir vertragen **)
Vnd dörffent nit meer von mir klagen
Allweil ir euch der stuck nit massen
So müssent ir euch schreiben lassen
Ja solt euch euer hertz zerprechen
Man hat mir dröwt offt zu erstechen
Do ich die narren hab beschworn †)

H 2   Als

---

*) Vernein ich, schlag es ab.
**) Ich will mit euch im Frieden leben.
†) Murner zielt damit auf seine 1512. und hernach
öfter gedruckte Narrenbeschwörung, in welcher
eben

Als tröwen ist an mir verlorn
Do ich die narren wolt beschwören
Sy mainten auch mir das zu wören
Der muß freylich frü auffstan
Der yederman wol dienen kán
Vnd yedem stopffen wol den mund
Der wißt, meer dañ gott selber kunt
Wañ dise zunfft ist also blind
Daß sy vmb wahrhait werden sind
Ich bin so stark nit in mein glider
Das ich des wassers lauff ker wider
Darumb muß ich sy lassen schelten
Vnd der warhait offt entgelten
So ich ain braiten rücken hab
Erschrick ich desto minder drab
Die bösen wort mag ich wol tragen
Des laß ichs an ain kerbholtz sagen
Ob es euch schon gantz nichts gefellt
Noch dañocht seind ir her gestellt
Von mir geschendt, in aller welt.

eben so viel Witz und Freymüthigkeit in Bestra=
sung der Thorheiten seiner Zeitgenossen herrschet.

Glos=

Gloſſarium.

Aber bedeutet: wiederum, abermal. Es kommt auch in Luthers Bibelüberſetzung vor, z. Er. 1 Kön. 8, 65. Phil. 4, 16. und behält auch in der Zuſammenſetzung dieſen Verſtand, z. Er. Aberacht, Aberbann, proſcriptio iterata.

Als, ſo; z. E. als gut, ſo gut.

Anwenden, antreffen.

Aufwichſen, iſt ein Elſaſſiſches Provinzialwort, das man aber auch noch heut zu Tage im Nürnbergiſchen hört, und bedeutet ſo viel als: alles hergeben oder auftragen, was ein anderer verlangt, ad libitum ea, quae petuntur, expromere. Aufwächſen heißt in Oberheſſen: herrlich leben, ſchmauſen. S. Eſtors Verſuch eines Oberheſſ. Wörterbuchs, in der bürgerlichen Rechtsgelehrſamkeit der Teutſchen S. 105.

Ausrichten, kömmt in gedoppelter Bedeutung vor: 1) läſtern, verleumden, 2) abfertigen.

Begie-

Begieten, beschönigen, für gut ausgeben.

Bete, Biete, Steuer, Zins.

Bracht, Geräusch, Geschrey. *Scherz. Gloss.* col. 179. In diesem Sinne gebraucht Murner das Wort. Es heißt aber auch, wie Scherz bemerkt, splendor et claritas principum in aedibus, vestimentis et reliquo cultu. a *brechen,* splendere.

Dicht, Gedicht.

Dick, oft.

Din, dyn, darin.

Dörstig, dürstig, freventlich.

Donder, Donner.

Dreüsche, Drossel, ein Vogel, turdela.

Erarnen, erwerben, verdienen. In *Wenkeri* Appar. Archivar. p. 380. liest man: „Das „mit und dadurch ihre plutvergiessen die wirde „des h. richs, den stande des Churf. vnd an= „der mer hoheit durch die h. römisch kirch vnd „von den h. gemeinen Concilien erarnet vnd er= „langt haben.„ Von dem Stammwort arnen siehe *Scherzii* Glossar. col. 60. 61.

Ermes=

Ermeſſen, vergelten.

Ernſten, etwas ernſtlich behandeln.

Erſchießen, nützlich ſeyn. S. Scherz col. 352.

Find, Feind.

Freyhartsknaben, liederliche, ausgelaßne Leute;
ex *frey* et *hart*, quae terminatio exprimit
opprobria, ſagt *Scherz* col. 423. Das Bay=
riſche Landrecht gibt unter andern Urſachen einer
rechtmäßigen Enterbung an, „ſo ein kind ohne
„der eltern willen ſich in leichtfertig uibung vnd
„buebenleben begebe, als ſo es ein freyharts=
„bueb oder ein gauckler wurd, oder ließe ſich
„mit den thieren zu kämpfen vnnb geld be=
„ſtellen.„

Gach, jäh, ſteil, voreilig, praeceps tempore,
loco, animo; ſonſt jach, gåch, gauch. Die
Redart: Es iſt mir gach, bedeutet: Eilen,
ſich übereilen. S. *Scherz* l. c. col. 462.

Gelten, hat eine vielfache Bedeutung: 1) zahlen,
2) leihen, 3) kaufen, 4) Gilt entrichten, 5)
vergelten. *Scherz* col. 515.

Gerten, Ruthe.

Göſ=

Göffelsmaul, von göffen oder gaffen. Geiler von Kaisersberg ſetzt in ſeinen Schriften öfters Gaſſentretter und Göffel, Begaffer, zuſammen.

Gra, grau.

Günnen, gönnen.

Hätzen, Hätz, Häßer, Atzel. S. *Scherz* col. 619. *Golius* im Onomaſticon latinogermanicum (Arg. 1582. 8.) ſetzt col. 317. *Pica*, Atzel, Aglaſter, Alſter, Hetz.

Hellig, eitel, unnütz, matt, tenuis, inanis.

Hippenbub, Hippenträger, cruſtularius, wird als ein Schimpfwort gebraucht. Hippenwerk iſt res vana, debilis, ab *hippen*, cruſtulum. S. Hrn. Prof. Oberlin de *Johannis Geileri Caeſaremontani* vulgo dicti *von Kaysersberg* ſcriptis germanicis p. 36.

Höre, Heer.

Hor, Haar.

Hotten, fortkommen, nachfolgen. S. *Scherz* col. 697. *Joh. Heumann* in den Opuſculis, quibus varia iuris germanici itemque hiſtorica et philol. argumenta illuſtrantur (*Nor.* 1747. 4.) ſchreibt S. 679: *Hotten, es will nicht hotten;*

botten; a voce aurigarum. Propinquum eſt ὠθεῖν. Slav. *botowiti,* apparare, accingere, expedire.

Jarritten, Ritten, das Fieber. Jarritten, ein peſtilenzialiſches Fieber. Friſch im teutſchen Wörterbuch und Scherz im Gloſſar. halten es zwar, vermuthlich durch die Schreibart verleitet, für ein langwieriges, Jahre lang dauerndes Fieber. Die am Rheinſtrom noch übliche Ausſprache dieſes Worts aber: Gähritten, gibt zu erkennen, daß es ein peſtilenzialiſches Fieber ſey, welches jäh und ſchnell ein Ende macht. In Agricola teutſch. Sprüchwörtern lieſt man öfters: daß dich der Jarritt hol! Siehe Hans Sachſens Gedichte in einem Auszug aus dem erſten Buch (Nürnb. 1781. 8.) S. 409. ſ.

Jehen, ſagen, behaupten; vermuthlich von Ja.

Indert, Nendert, irgend.

Irten, Schmaus. In Frankens Sprüchwörtern Th. I. Bl. 3. kommt vor: Die Zech vor der Irthen machen. Daß Irten aber auch die Zeche bedeute, hat Scherz col. 742. bewieſen.

Kallen, ſchwätzen, ſchreyen, ſingen.

Kat,

Kat, Koth.

Klaffen, plaudern.

Lernen, lehren.

Loße, Ferkel.

Lugen, sehen, beobachten.

Liedlon, lydlon, der Dienstboten Lohn.

Mag, der Magen.

Mägetlein, Mädchen.

Neinen, verneinen, eine Bitte abschlagen.

Nöter, der Comparativ von noth.

Oed, hat außer der noch heut zu Tag gewöhnli-
chen Bedeutung auch diese, daß es so viel heißt,
als häßlich, abscheulich. Daher setzt Murner
in der Schelmenzunft beides zusammen: Der
öde schentlich man. Und in der Gäuchmatt
sagt er Cap. IV;

> So sy nun geuchery wolln trieben
>
> Abe so mag ich nym beliben
>
> By sölchen öden bösen wyben ꝛc.

Ritten, siehe Jarritten.

Schawfalt, Schaufalt. Dieß Wort hat zwar
Scherz angeführt und eine Stelle beygebracht,

wo es vorkommt, aber nichts zur Erläuterung
desselben gesagt. Es ist ein zusammengesetztes
Wort, aus Schau und Falte, davon jedes
eine vielfache Bedeutung hat. Aller Wahrschein:
lichkeit nach ist es ein Stück des weiblichen An:
zugs, oder die Arbeit an einem Stück des weib:
lichen Putzes. Das Wort Schau, Schaub,
enthält nach seiner ältesten Bedeutung den Be:
griff von tegmentum, einer Decke. Wir ha:
ben sie noch heut zu Tag in zwey Worten, die
quoad obiectum sehr weit von einander abzu:
stehen scheinen, worin wir aber doch den Urbe:
griff einer Decke liegen sehen. Schaub,
Schaubbündel, ist ein Bündel des schönsten
und längsten Strohs, womit die Bauern ihre
Häuser statt des Ziegel: oder Schindel:, oder
Schieferdachs zu decken pflegen. Die Be:
nennung des Schaubs, als eines Zeichens, das
für marschirende Truppen zur Bezeichnung des
Wegs, oder an Waldgegenden ausgesteckt wird,
die man hayen oder hegen will, und daher den
Trieb des Viehes dahin verwehret, kommt nur
von dem Nebenbegriff her, daß auf die darzu
bestimmte Holzstange ein Strohwisch gesteckt
wird. Schaube ist ein Kleidungsstück, so von
den Schultern über den Leib bis auf die Füße
herab

herab gehet, und Kopf und Füße ausgenommen,
den ganzen Leib bedeckt.   Schaubt war sonst
die Tracht der Männer und der Frauen.   In
Nürnberg nennt man noch die moorenen Habite
der Senatoren Schauben.   Das Suffir b an
Schaub, Schaube darf uns nicht irre machen.
Es ist nicht wurzelhaft. Wir finden viele Wör=
ter von dieser Wurzel Schau mit Suffiren ohne
b, die den Hauptbegriff der Bedeckung in sich
haben.   Ohne sich mit entferntern aufzuhalten,
heißen die Elsasser einen Rock der Bauerweiber
Schauez. — Falt, als das andere Wort,
heißt plica, und hat diese Bedeutung in gar
vielen germanischen Dialecten.   Im Schwedi=
schen heißts: Fåll; im Isländischen: Falld;
im Hamburgischen Fal, Fals, plica, oder eine
Falte; im Alemannischen und bey Ulphilas:
Foldan; im Angelsächsischen Feoldan, und im
Dänischen: földen, plicare, falten.

Wenn also das Wort Schaufalt ein Stück
von Frauenkleidung anzeigt, so ist es ein gefalte=
ter Rock; oder es ist nur von einer Schauben=
oder Rockfalte die Rede.   Bezeichnet es aber
ein Geschäft oder eine Handlung, so ist es das
Präteritum von dem Zeitwort: schaufalten,
eine Schaube in Falten legen.   Ulphilas ge=
brauche

brauchte ein Wort, das überaus viele Aehnlich-
keit mit diesem hat, nämlich: Saifalth, wo es
plicavit hieße.

Schellig, schällig, zwieträchtig, kriegerisch; ver-
muthlich von Schall.

Scheuhung, die Scheu.

Schimpf, Scherzrede.

Schimpfflich, scherzhaft.

Stat, Stand, Zustand, Stätte, Ort.

Stächlin, stählern, von Stahl.

Strauchen, wanken, fallen.

Tädingen, teidingen, vereinigen. S. *Scherz*
col. 1612 - 1613.

Tonder, Donner.

Töbig, unsinnig, von toben.

Tröwen, drohen.

Trippel, ein Haufe Viehes, oder liederlichen Ge-
sindels.

Vast, sehr.

Veldglock, Feldglock, nennt Murner den Galgen.

Verdöwen, verdauen.

Vernügen, vergnügt, zufrieden seyn.

Vers

Vernügig, vergnügt.

Verkeren, verführen.

Vndersos, Untersaß, Unterthan.

Wann, denn, sintemal, dieweil.

Weiben, ein Weib nehmen.

Wicht, ein Taugenichts.

Widderreden, widersprechen, vertheidigen.

Rendert, s. Indert.

Zag, furchtsam.

Zammen, zemmen, zusammen.

Zarten, streicheln, zärtlich behandeln.

Einige

Einige Sprüchwörter und sprüchwörtliche Redarten, aus diesem Buch gesammlet.

Sich an ein Schelmenbein reiben.

Ein Schelmenbein im Rücken haben.

Das Kind mit dem Bad ausschütten.

Einem das Hälmlein bieten.

Eine Krähe macht (zeugt) keinen Häßen.

Von blauen Enten predigen.

Ein Loch durch einen Brief reden.

Einem den Leimen klopfen.

Einem einen ströhernen Bart flechten.

Lockvögel feil tragen.

Ueber einen den Muff schlagen.

An ein Kerbholz reden.

Einen auf die Fleischbank geben.

An einen Stock fahren.

Aus dem Fuezfaß trinken.

Wen man schilt, der schreibts in Stein,

Der aber schilt, in Staub hinein.

Die Ohren melken.

Den

Den Braten schmecken.

Lügen, daß die Balken krachen.

Zwey Zungen in Einem Hals tragen.

Läuse in den Pelz setzen.

Wasser in den Rhein tragen.

Zwischen Stühlen niedersitzen.

Mit Einem Hund zween Haasen jagen.

Wo man schmiert, da fährt man gut.

Wilst du den Rauch nicht, so mache kein Feuer.

Sparmunde machen, d. h., vorsichtig seyn im
Reden.

Weder guck noch gack verstehen.

www.ingramcontent.com/pod-product-compliance
Lightning Source LLC
Chambersburg PA
CBHW030615270326
41927CB00007B/1189